한국일본연구총연합회 총서 02

지역과 일본인학교

한국일본연구총연합회 지음

도서출판
지식나무

책임편집위원

김영찬(창원대학교)   김학순(충남대학교)   안지영(군산대학교)

이가현(가천대학교)   이윤아(신라대학교)   이충규(제주대학교)

조헌구(경북대학교)   표세만(군산대학교)

지역과 일본인학교

1판 1쇄 발행 2025년 5월 17일

지 은 이   한국 일본연구 총연합회
펴 낸 곳   도서출판 지식나무
등   록   제301-2014-078호
주   소   서울시 중구 수표로 12길 24
전   화   02-2264-2305(010-6732-6006)
팩   스   02-2267-2833
이 메 일   booksesang@hanmail.net

I S B N   979-11-87170-94-5
가   격   20,000원

발간사를 대신하며

드디어 한국 일본연구 총연합회의 두 번째 공동 성과물인 '지역과 일본인 학교'가 발간되었다. 여러 가지 우여곡절에도 지역 기반 일본 연구자들의 역량이 더욱 축적되어 두 해 연속 큰 무리 없이 성과물을 낼 수 있어 자못 기쁘다.

특히 이번 연도의 집필 주제인 지역의 일본인 학교는 근대적 식민 상황과 밀접하게 관계할 뿐만 아니라, 현대 한일 양국의 사회와 문화를 이해하기 위해서는 필수 불가결한 요소다.

지역의 일본인 학교는 일제 강점기 식민지 지방 연구에서 간과할 수 없는 다층적 모순을 지닌다. 지역과 중앙, 식민지와 제국의 이중 모순이 중첩하는 곳이고, 동시에 공적인 '대상황'과 개별적이면서도 사적인 '소상황'이 충돌, 병존하는 복합공간이다. 개개인은 전국적인(또는 제국 전체의) 공공 교육시스템 아래에서 스승과 제자의 공적이면서도 사적인 관계, 그리고 개인적인 교유 관계를 맺으며 서로 영향을 주고받는다. 특히 지역의 학교에서 젊은 시절을 생활한 사람들은 도회지에서 생활한 사람에 비해, 상대편 한일 각 국민에 대해, 또 중앙에 대해, 그리고 제국의 본거지인 내지 일본에 대해 훨씬 선명한 이미지를 갖을 수밖에 없다. 따라서 지역의 일본인 학교를 둘러싸고 펼쳐졌던 조선과 일본이라는 계층 간, 민족 간 분리와 교류, 공적 시스템과 개인의 충돌과 영합 양태는 일제 강점기의 '실제' 상황은 물론, 해방 이후 이들이 재건한 한일 양국의 사회와 교육을 이해하는 데 중요한 실마리를 제공해 주리라 기대한다.

끝으로 '지역과 일본인 학교' 발간에 적극 참여해 주신 집필자, 물심양면으로 지원을 아끼지 않은 일본 국제교류기금과 한국 일본 연구 총연합회의 회장단 여러분, 각 학회를 대표하여 수고해 주신 편집위원과 신라대 이윤아 교수님의 노고에 감사를 드린다.

2025. 5

편집위원 군산대 **표 세만**

Contents

대전 지역

전라도 지역

부산 지역

대구 지역

대전 지역

◆ 이토 마사히코

◆ 이가현

◆ 김미현

◆ 김유정

◆ 황운

◆ 김학순

대전 소재 일본인학교의 교가(校歌)

이토 마사히코

1. 일본의 학교와 교가

현재 일본 소학교, 중학교, 고등학교에는 대부분 교가(校歌)가 있으며 학교행사 등이 있을 때마다 부르고 있다. 일본에서 최초로 교가를 제정한 학교는 1875년에 개교한 도쿄여자사범학교(오차노미즈 여자대학의 전신)로 알려져 있다.[1] 교육이념을 가사에 포함시켜 교가를 만든 것은 1890년대 말 경부터이며, 이 무렵부터 소학교를 중심으로 교가 제정 움직임이 활발해졌다.[2]

---

1) 島田佳幸「校章·校歌が語る學校の歷史文化」『地域史硏究』120號(尼崎市立歷史博物館, 2021), p.75.
2) 須田珠生「近代日本の小學校にみる校歌の歌詞の變容と鄕土との關わり」『音樂教育

현재도 교가의 가사에는 지명, 산, 하천 등의 고유명사, 명승고적이나 지역의 역사 등이 언급되는 경우가 많다. 지역 특유의 지리적, 역사적 환경이나 학교의 교훈(校訓), 교육방침과 같이 주로 그 지역과 학교에서만 통하는 내용을 가사에 담은 것을 1910년대 이후에 종종 찾아볼 수 있다. 그리고 1930년대 향토교육운동의 결과, 학교 교가는 '향토의 노래'3)로 자리매김하게 되었다. 일제강점기 재조일본인을 교육대상으로 하여 조선에 설립된 학교에서 역시 교가가 제정되어 불러졌다. 본고에서는 당시 대전에 설립된 일본인학교의 교가 가사 및 제정 경위 등을 소개하려 한다. 이와 같은 시도를 통해 교가의 지역성과 재조일본인들의 지역에 대한 인식을 밝히는 것이 본고의 목적이다.

2. 대전심상고등소학교(大田尋常高等小學校) 교가

일제강점기 대전의 교육기관에 대해서는, 당시 대전을 대표하는

學』第49-2(日本音樂教育學會, 2020), p.14.

3) 대전심상고등소학교 교가 가사의 교열을 맡은 야쓰나미 노리키치(八波則吉)는 "교가는 즉 마을 노래가 된다는 것이 나의 지론이다. 입학식, 졸업식 등 행사가 있는 날은 물론 운동회 등에서 부르다가 언젠가 마을 남녀노소 모두가 외우고 자장가에도 본오도리(우란분재의 민속춤)에도 이용하게 된다."라고 하였다. (八波則吉『唱歌作歌法講話』(京文社, 1931), p.89.) 자료의 한국어 번역은 필자가 하였다. 이하 일본어 자료 해석 중 특별히 언급하지 않은 것은 필자가 하였음.

기업인 중 한 명이었던 쓰지 만타로(辻萬太郎, 1909 ~ 1983)가 부모의 전기와 조선에서의 생활을 기록한 『포플라와 바가지(ぽぷら とぱかち)』에서 다음과 같이 소개하고 있다.

> 지역의 교육기관으로는 내지인(內地人)을 위한 소학교와 중학교, 여학교, 내선(內鮮) 공학의 공업학교가 있었다. 그리고 조선인의 초등교육을 위한 보통학교가 설립되었고, 종전(終戰) 직전에는 조선인 여자고등보통학교가 생겼다. 인구가 증가함에 따라 소학교와 보통학교가 증설되어, 1945년에 이르러서는 소학교가 두 곳, 보통학교가 대여섯 곳이 되었다. (중략) 우리 형제들은 모두 이 교육시설에 신세를 지며 자랐다.[4]

본고에서는 이들 교육기관 중 대전심상고등소학교와 대전중학교의 교가를 다루고자 한다. 대전심상고등소학교는 1906년 4월 가스가마치(春日町) 1초메(丁目)에 있었던 일반 민가를 빌려 '대전소학교'라는 이름으로 개교되었다. 개교 당시 입학생은 17명이었다. 그러나 그 민가는 협소했기 때문에 혼마치(本町) 1초메(현재의 동구 원동 31-1 부근)에 부지를 구해 공사비 1,900원을 투입하고 목조 건물을 신축, 두 개 교실을 확보하여 같은 해 10월 29일에 이전하였다. 1908년 12월 대전거류민회립 '심상고등소학교'로 개칭되었고 1912년 4월에 '대전심상고등소학교'가 되었다. 그 후 학령기 아동

---

4) 辻萬太郎『ぽぷらとぱかち』(1978), p.42. 번역은 대전광역시청 고윤수 학예연구관에 의한 것이고 일부 필자가 가필(加筆)하였다.

의 급격한 증가와 함께 학생 수용 능력이 한계에 이르러 1917년 대전천변 6,000평을 매립해 신교사(新校舍)를 건설하였다(구 원동초등학교 위치). 첫 교가는 대전학교조합 제2기 관리자 시라이시 데쓰지로(白石鐵二郎, 1870 ~ 1935)가 작사하였다.[5] 그러나 가사가 문어체라 아동들이 이해하기에 어려웠으므로 1925년도부터 1927년도까지 재임한 고지마 요이치(小島與一) 교장의 요청으로 시라이시가 새롭게 교가를 다시 작사했다. 신교가 가사는 다음과 같다.

> 대전공립심상고등소학교 교가   야쓰나미 노리키치 교열, 시라이시 데쓰지로 작가(作歌)
>
> 1. 鷄龍山の頂高く(계룡산의 꼭대기는 높고) 大田川の源遠し(대전천의 발원지는 멀다) 樂し樂し我等ののぞみ(즐겁다 즐겁다 우리들의 희망) 樂し樂し我等ののぞみ(즐겁다 즐겁다 우리들의 희망)
>
> 2. み國の爲にみ祖の爲に(나라를 위해 부모를 위해) 如何なる業も必ず遂げん(어떠한 일도 반드시 이룰 것이다) 強し強し我等のからだ(강하다 강하다 우리들의 몸) 強し強し我等のからだ(강하다 강하다 우리들의 몸)
>
> 3. 世界の人と竝びて立ちて(세계 사람들과 나란히 서서) 負けじと勵み仲良く遊ぶ(지지 않으려고 노력하며 사이좋게 논다) 廣し廣し我等のこゝろ(넓다 넓다 우리들의 마음) 廣し廣し我等のこゝろ(넓다 넓다 우리들의 마음)[6]

---

5) 대전광역시사편찬위원회『국역 조선대전발전지』(대전광역시 시사편찬위원회, 2020), 영인 pp.59-60.에 가사가 게재되어 있다.

작사한 시라이시는 1870년에 야마구치현(山口縣) 시모노세키시 (下關市)에서 태어나 시모노세키 시회의원(市會議員) 등을 지냈고, 1908년 3월 조선권업회사 취조역에 취임하면서 조선에 건너와 대전에 거주하기 시작했다. 대전에서는 옛 충남도청 자리에서 과수원을 경영하며 사과를 재배했다. 시라이시는 1914년에 대전학교조합 관리자가 되었고, 1924년에는 대전면장이 되어 정력적으로 각종 사업을 추진했다.7) 만년에는 충남도청 이전 대전기성회 회장으로써 도청의 대전유치에 지대한 공헌을 했다. 1935년, 그가 사망했을 때는 대전심상고등소학교에서 대전읍 주최로 추도제(追悼祭)가 거행되어 1천 명 이상이 참석했다.8)

시라이시는 부유한 상인 가문 출신으로 에도시대 말기에 활동한 데쓰지로의 조부 시라이시 쇼이치로(白石正一郎, 1812~1880)는 철저한 존황양이(尊皇攘夷)9)사상 주의자였다. 그는 다카스기 신사쿠 (高杉晉作)의 기병대(奇兵隊)에 합류하여 경리부문을 맡았으며 조슈 (長州), 사쓰마(薩摩) 등 400명이 넘는 정치 활동가들을 도와 메이지 유신에 공헌을 했다.10)

---

6) 上野龍吉編『實文』創刊號(1966), pp.167-168.

7) 阿部薰『朝鮮功勞者銘鑑』(民衆時論社朝鮮功勞者銘鑑刊行會, 1936), pp.654-655.

8) 「故白石氏の邑追悼祭擧行」『朝鮮新聞』(1935.8.31). 5면.

9) 국왕을 받들고(존황) 외세를 배격(양이)한다는 사상.

10)下關市敎育委員會『白石家文書』(下關市敎育委員會, 1968), p.2.

시라이시의 가사에는 '나라를 위해(み國の爲に)'와 같은 국가주의적인 표현이 두드러진다. 구교가에도 존황사상적인 표현이 보이는데 이것은 시대적인 배경뿐만 아니라 작사자인 시라이시가 조부로부터 이어받은 존황사상과도 연관되어 있을 것이다. 시라이시 데쓰지로의 유언서 중 "세상이 어떻게 바뀌더라도 시라이시 집안에 태어난 사람은 왕을 소중히 생각해야 한다."는 부분에서도 그의 존황사상을 엿볼 수 있다.[11]

또한 이 교가 가사는 시인 후쿠나카 도모코(福中都生子, 1928 ~ 2008)의 시집 『대전이라는 도시(大田という町)』에 수록된 「그 옛날 살았던 도시(むかし住んでいた町)」라는 시에도 등장한다.[12] 후쿠나카는 도쿄에서 태어나 세 살이 되던 해(1931년)에 아버지를 따라 조선으로 건너와 대전에서 살았다. 열 살이 되던 해 일본으로 귀국하기 전까지 대전심상고등소학교를 다녔으므로, 시집 『대전이라는 도시』에서 그녀의 유년 시절 대전의 기억을 찾아볼 수 있다. 약 50년이 흐른 뒤에도 시인은 모교의 교가를 기억하고 있었던 것이다.

---

11) 上野龍吉編『寶文』第3號(1974), p.20.
12) 다만 원래 '계룡산'인 것을 '금강산'으로 표기하는 등 가사에는 약간의 이동 (異同)이 있다.(福中都生子『詩集 大田という町』(詩學社, 1987), p.18.)

3. 대전중학교(大田中學校) 교가

1905년 경부선 철도 개통 이후 대전의 일본인 거주자는 빠른 속도로 늘어났다. 그러나 일본인을 위한 대전의 중등교육기관은 임시로 설치된 여자강습소뿐이었다. 그런 이유로 1916년 1월, 대전 면장 와타나베 간지(渡邊寬治)를 대표로 하는 대전중학교 설립추진 위원회가 조직되어 중학교 설립 운동을 활발히 전개하였다. 그 결과 1917년 4월 대전에 경성중학교의 분교실이 설치되었고, 1918년 4월에는 그 분교실이 경성중학교로부터 분리 독립하여 대전중학교가 되었다. 대전중학교는 용산중학교와 함께 경성중학교(1909), 부산중학교(1913), 평양중학교(1916)에 이어 조선에서 네 번째로 개교된 중학교다.

초대 교장 세키모토 고타로(關本幸太郎)에 이어 1925년에 부임한 제2대 교장 쓰다 마코토(津田信)는 교육방침과 교훈을 성문화하고 공표하였다. 1927년 4월 7일 자 『경성일보』에 따르면 교훈은 '성실(誠實)' '강건(剛健)' '규율(規律)' '근로(勤勞)'였다.[13] 그리고 해당 기사에서는 기타 개선 사항 중 하나로 '교가(校歌) 제정'을 언급했다. 이러한 방침 하에 대전중학교 교가가 만들어진 것으로 보인다. 대전중학교 제5회 졸업생인 쓰지 만타로의 장남 쓰지 아쓰시(辻醇, 1938 ~)씨가 소장하고 있는 교가 악보에는 작사자가 도쿄제국대학 국문과 교

---

13) 稲場繼雄 『舊韓國~朝鮮の「內地人」敎育』(九州大學出版會, 2005), p.236.

수였던 후지무라 쓰쿠루(藤村作), 작곡자는 무사시노 음악학교 창시자인 후쿠이 나오아키(福井直秋)라 적혀 있다. 그러나 1930년부터 1934년까지 대전중학교에 재직한 영어교사 후카가와 도시오(深川俊男)는 다음과 같이 회고한다.

> 국어 교사로 야마다 다케사부로(山田竹三郞)라는 사람이 있었다.(중략) 시가(詩歌)의 길에도 능통하여 대전중학교 교가를 작사하였다. 겉으로는 후지무라 선생의 작품으로 되어 있는데, 그것은 교열자라는 뜻이며 진정한 작자는 야마다 선생이다. 그 무렵 나는 야마다 선생 옆집에 살았고 자주 왕래했기 때문에 원고를 보여주어서 잘 기억하고 있다.14)

이와 같은 증언을 참고로 하면 야마다 다케사부로(山田竹三郞) 교사가 교가 가사를 지은 것으로 보인다. 야마다는 1930년, 동래고등보통학교에서 대전중학교에 부임하였고 1931년 초에 청주고등보통학교로 자리를 옮겼으므로 1930년에 대전중학교 교가를 제작한 것으로 보인다. 가사는 위에서 본 교훈을 포함하고 있으며, 1절 가사는 '성실', 2절은 '규율', 3절은 '근로', 4절은 '강건'이라는 교훈과 상응하고 있다.

대전공립중학교 교가 후지무라 쓰쿠루 교열, 야마다 다케사부로 작

---

14) 喜連敏生『思い出の大田中學野球部』(1985), p.27.

사, 후쿠이 나오아키 작곡

1. 東天紅を告げわたる(새벽을 널리 알리는) 鷄の林のたゞ中に(계림의 한가운데에) 天地貫く誠實より(천지를 관통하는 지성으로) 匂う櫻の旗じるし(빛나는 벚꽃이 새겨진 깃발) あゝわが大田中學校(아아 우리 대전중학교)

2. 歐亞を結び西東(유럽과 아시아를 연결하고 서쪽 동쪽으로) 文化通はす鐵道の(문화를 왕래케 하는 철도의) レールの筋の眞直なる(철길처럼 반듯한) 校則は尊し守るべし(교칙은 소중하다 지켜야 한다) あゝわが大田中學校(아아 우리 대전중학교)

3. 野の巢を出でて寶文の(들의 둥지를 나가서 보문산의) 松に木傳う朝鳥の(소나무 사이를 날아다니는 아침 새처럼) 若き生命の輝きを(젊은 생명의 빛남을) みせて勤めむ日々の業(보여주고 열심히 임할 하루하루의 학업) われらは大田中學生(우리는 대전중학생)

4. 正しき步み妨ぐる(바른 걸음을 방해하는) おどろふみわけ鷄龍の(덤불을 밟고 헤쳐 나아가며 계룡산의) 嶺高く歌ひてむ(꼭대기에서 높이 노래하자) 剛き男子の意氣の歌(강한 사나이의 기개의 노래) われらは大田中學生(우리는 대전중학생)[15]

2절에 포함된 철도 관련 내용도 주목할 만 하다. "대전역이 생긴 뒤 대전이 만들어졌다."는 견해[16]가 있듯이 이것은 원래 잡초가 무성했던 벌판에 경부선 철도역이 생기면서부터 대전군(大田郡)과 대

15) 鷄龍會『鷄龍會(大田中學校同窓會)名簿』(1970), 권두.

16) 고윤수「대전의 기원과 대전역」『대전역의 사회문화사-대전발 0시 50분』대전학술총서5 (대전광역시사편찬위원회, 2024), p.21.

전면(大田面)이 탄생했다는 도시의 정체성과 관련이 있는 것으로
볼 수 있다.

4. 일본인학교 교가의 지역성과 대전에 대한 그리움

이 절에서는 교가 가사에 나타난 지역성과, 대전에서 학교를 다
닌 일본인의 대전에 대한 그리움에 관해 살펴보고자 한다. 먼저 대
전심상고등소학교 교가 속 지역 관련 고유명사로는 '계룡산'과 '대전
천'이 있다. 그리고 대전중학교 교가에는 '보문산', 계룡산'이 언급
된다. 당시 대전중학교에는 정식과목은 아니었지만 특과(特科)라 하
여 매주 목요일 오후 교직원과 전교 학생들이 주변 산에 올랐다고
한다. 보문산, 식장산, 계룡산 등이 주 대상이었다17). 또한, 수학여
행 목적지는 학년별로 정해졌는데 1학년 여행지는 계룡산이었다.
이처럼 대전중학교 학생들에게 지역을 대표하는 명산 계룡산과 학
교에서 아침저녁으로 바라보는 보문산은 친숙한 존재였다.

대전심상고등소학교 교가 가사 속 '대전천'은 "소년 시절 소리
높여 '계룡산의 꼭대기는 높고, 대전천의 발원지는 멀다' 라고 교
가를 합창했던 대전천, 점심시간 하천변의 둑방은 휴식처로, 여름
에는 개구쟁이들의 천연 수영장으로 수영 연습에 힘썼던 얼굴과

---

17) 대전고등학교60년사 편찬위원회『대전고 60년사』 (대전고등학교, 1977),
    p.63.

모습이 떠오릅니다."18) 라고 졸업생 와지마 소잔(輪島蒼山)이 회고
한 것을 보아도 학교 바로 옆에 있어 학생들이 매일 보고 놀던 친
숙한 하천이었다. 위에서 언급한 시인 후쿠나카 도모코는 '대전천'
이라는 시에서 아래와 같이 소개하였다.

대전이라는 / 도시로 가면 / 사람이여 그곳에서 한줄기 하천과 마주
해 다오 / 물놀이하는 작은 소녀를 발견해 다오 (중략) 대전이라는
도시에 가면 / 사람이여 / 내 이름은 비록 잊어버려도 / 한 번 큰
소리로 외쳐다오 / 대전천이여 / 너는 아직도 맑게 흐르고 있는가.
라고19)

후쿠나카 시인에게 대전천은 아버지와 함께 둑방길을 산책한 곳
(시'철봉')이었고 열사병에 걸릴 정도로 정신없이 놀던 여신 뮤즈와
같은 하천(시'조선전쟁 I')이기도 했다. 이처럼 대전천은 대전심상
고등소학교에서 학창시절을 보낸 사람들에게 인상적이고 잊을 수
없는 곳이었음을 알 수 있다. 그러한 감정은 교가와 함께 기억되
고, 조선을 떠난 후에도 유년 시절 기억과 더불어 마음속 깊이 간
직되었을 것이다. 한편 대전의 일본인학교는 위에서 본 두 학교 이
외에도 중등교육기관인 대전고등여학교가 있었다. 1962년에 발행

---

18) 上野龍吉編『鷄龍』第2號(1961), p.119.
19) 대전광역시『대전근대사연구초』2(대전광역시 종무문화재과, 2013), p.15. 시의
    번역은 충남대학교 국어교육과 박수연 교수에 의한 것이며 필자가 일부 가필.

된 동창회 회지에서 그들의 대전에 대한 애정과 그리움을 느낄 수
있다.

> 지나간 날을 떠올릴 때 언제나 선명하게 떠오르는 그리운 대전의
> 모습, 지금 생각하면 별다른 장점도 운치도 없는 식민지의 작은 도시
> 였지만 저에게는 둘도 없는 그리운 고향입니다. 그 길, 그 다리, 그
> 골목, 그 집, 그 담벼락, 그리고 여름의 햇볕이 확 내리쬐던 대전천의
> 물살, 안개가 자욱한 10월의 아침 마을, 저물어 가는 역 앞의 붉은
> 가로등 불빛, 20년이라는 세월이 지났음에도 어제까지 살았던 것처
> 럼 또렷하게 하나하나 떠오릅니다. 이제 두 번 다시 갈 수는 없겠지
> 만, 결코 이 가슴에서 사라지지 않겠지요. [20]

　본고에서 다루지는 못했으나 대전고등여학교 교가에도 보문산(1
절)과 대전천(3절)이 등장한다. 고향 대전의 모습은 교가와 함께 깊
게 기억되었을 것이다. 또한 쓰지 만타로는 패전 후 1945년 10월
31일에 대전을 떠나 귀국하였는데 그때의 심정을 읊은 단가(短
歌) 중에 다음과 같은 작품이 있다.

> この郷(くに)を　いとしみしこと　誰人にも　劣らぬわれぞ　いま追はれゆく
> (이 고장(나라)을 아끼는 마음이 누구에게도 뒤지지 않는 내가 지금
> 쫓겨 간다.)

---

20)　村上泰子「なつかしいクラスメートの皆様へ」土屋英子『楊蔭』(大田高等女學校同
　　窓會, 1962), p.49.

かの山の　尾根に生ふ松　いつの日か　わがかへりきて　まみに見るべき

(저 산등성이의 소나무를 언젠가 나는 돌아와 볼 수 있을까?)

　조선과 대전을 그 누구보다도 아끼며 사랑했다는 쓰지 만타로가 대전을 떠날 때 마음에 떠오른 것은 '보문산의 소나무'었다.21) 또한 대전중학교 제4회 졸업생 우에노 류키치(上野龍吉)가 1966년에 남긴 글에서는 당시 아들이 때때로 대전중학교 교가를 부르고 이어 대전심상고등소학교 교가를 흥얼거렸다는 기록을 찾을 수 있다.22) 그의 아들도 대전심상고등소학교와 대전중학교를 졸업하고, 일본 귀국 후 20년이 지났음에도 모교 교가를 잊을 수 없었던 것이다. 대전에서 학교를 다닌 재조일본인들에게 교가는 아마도 대전의 산과 하천, 그리고 학창 시절의 추억과 연결된 하나의 '향토의 노래'였을 것이다.

---

21) 보문산이라고 명시되어 있지 않으나 이 단가 바로 앞부분 10월 31일 일기에 "3시가 넘어서 철수 화물열차는 바로 출발했다. 곧 차창을 지나는 우리 집, 공장, 시가지, 그 너머 보문산의 산줄기. 눈물이 왈칵 쏟아져 뿌예진다. 잘 있거라 대전이요."라는 표현이 있어 단가에 보이는 산도 보문산으로 추정된다.(辻萬太郎『ぽぷらとぱかち』(1978), p.124. 위에서 인용한 단가는 p.125.)

22) 上野龍吉編『寶文』創刊號 앞의 책, p.168.

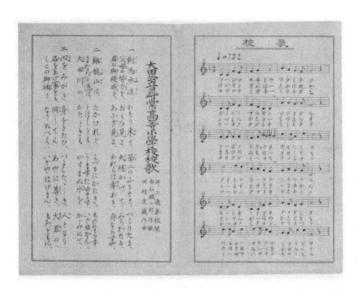

〈그림 1〉 대전공립심상고등소학교 구교가 (가사)

공주여자사범학교

-식민지 시기 여성 교원 양성의 현장-

이 가 현

1. 들어가며

공주는 조선 시대부터 교육의 중심지로 알려졌으며, 20세기 초 다양한 학교들이 들어서면서 '교육도시'로서의 위상을 굳혔다. 그러나 1932년 충청남도 도청이 대전으로 이전하며 행정 기능을 상실하자, 교육을 중심으로 도시 재건을 모색하게 되었다. 그 과정에서 관립사범학교 유치는 지역 사회의 핵심 과제로 부상했다.

1938년 조선총독부가 설립한 공주여자사범학교는 경성을 제외한 조선 유일의 여자사범학교로, 표면상 여성 교원 양성을 목적으로 삼았지만, 실제로는 일본제국주의 교육정책을 식민지에 확산시키는 수단이었다. 일본은 여성 교육을 표방했지만, 충성과 복종을 강조한 교육을 통해 조선 여성들에게 군국주의 이념을 내면화시키고자 했다.

본고는 공주여자사범학교의 설립 배경, 운영 방식, 교육 내용을 분석하여 식민지 교육을 통한 제국주의 지배 방식을 조명하고자 한다. 아울러 지역 사회와의 관계 및 학생들의 생활상을 통해 식민지 교육의 실상을 입체적으로 파악해보고자 한다.

2. 공주여자사범학교 설립 배경

공주와 교육도시의 위상

공주는 조선 시대부터 교육의 중심지로 인식되어 왔으며, 일제강점기에도 이러한 전통을 유지하려는 지역 사회의 노력이 지속되었다. 충남도청 소재지였던 공주는 충남·대전지역에서 가장 먼저 다양한 교육기관이 설립된 곳으로, 공주공립보통학교, 공주공립고등보통학교, 공주공립농업학교 등 여러 관·공립학교가 운영되었다. 또한, 명문 사립학교인 영명학교(永明學校, 현 공주영명고등학교)1)가 있어

---

1) 영명학교는 1903년 감리교 선교사 로버트 샤프(Robert A. Sharp)와 그의 부인 앨리스 샤프(Alice Sharp)가 공주읍 중동 318번지(현 기독교 사회관 부지)에 설립한 학교로, 이후 1906년 정식 학교로 개교하였다(한국민족문화대백과사전 https://encykorea.aks.ac.kr/Article/E0037372 (최종열람일: 2025.02.27.)).

근대 교육이 일찍부터 정착되었다.

그러나 1932년 충청남도 도청이 대전으로 이전하면서 공주는 행정 중심지로서의 기능을 상실하게 되었다. 이에 따라 공주 시민들은 도청 이전의 보상책으로 철도, 도로, 학교 신설 등을 요구하며 적극적으로 움직였다. 당시 시민회가 제시한 당장 요구사항은 다음과 같았다[2].

1. 충금철도(忠金鐵道, 영월-공주-장항)의 건설
2. 관립 사범학교의 설치
3. 궁민구제자금의 융통

이 가운데 유일하게 실현된 요구는 관립사범학교 설치였다. 도청 이전으로 인해 충청 지역 중심지로서의 정체성이 흔들리자, 공주 시민들은 관립사범학교 유치를 통해 교육도시로서의 위상을 회복하고자 했다.

공주 시민들의 유치 운동

공주 시민들은 1933년부터 관립사범학교 설립을 요구하였으며, 1936년 공주시민회를 중심으로 여자사범학교 유치 운동이 본격화

---

2) 지수걸 「논문 일제하 공주지역 유지집단의 도청이전 반대운동(1930. 11~1932. 10)」 『역사와현실』 제20권(한국역사연구회, 1996), pp.199-228 참조.

되었다. 지역 유지들은 총독부에 지속적으로 요청을 보내고, 재정 부담도 감수했다. 1932년 7월, 당시 시민회장이었던 미야모토 겐기치는 도지사를 방문해 관립사범학교 설립을 제안하였으며, 8월에는 총독부에 진정을 올렸다. 이후 1936년 9월부터 지역 유지들은 대대적인 기부금 조성에 나섰으며, 일본인 유지 몇 명이 거액을 희사하여 1936년 말 기부액이 5만 원을 초과하였다[3].

　　조선총독부는 학교 설립에 필요한 비용 일부를 지역 사회에 부담시키는 조건을 내걸었고, 이에 공주 시민들은 10만 원 이상의 기부금을 모아 학교 부지를 확보하고 건축 비용의 일부를 충당하였다.

조선총독부의 교원 양성 정책

　　1919년 3·1운동 이후 조선총독부는 사범학교 체제를 정비하여 조선인 교원을 양성하고자 하였으나, 여전히 일본인 중심의 교육체제가 유지되었다. 1922년 개정된 제2차 조선교육령은 6년제 보통학교, 5년제 고등보통학교, 3~5년제 여자고등보통학교 등 일반 교육 체계를 마련하고, 5년제 전문학교, 2년제 대학 예과, 4년제 대학을 설립하여 상급 학교 진학의 길을 열었다. 또한, 독립된 사범학교를 신설하였으며, 일본어 사용 여부에 따라 교육과정을 구분하여 운영하였다[4].

---

3) 송충기 『토건(土建)이 낳은 '근대'』(국립공주대학교 공주학연구원, 2017), p.217.
4) 우용제·안홍선 「근대적 교원양성제도의 변천과 사범대학의 설립」 『아시아교육연

이후 총독부는 매년 1개교씩 사범학교를 증설하는 계획을 세웠으며, 이에 따라 경성, 대구, 평양에 관립사범학교가 설립되었다. 이러한 정책의 연장선에서 1938년 공주여자사범학교가 신설되었다.

공주여자사범학교 설립은 공주가 교육도시로서의 정체성을 재확립하는 계기가 되었으나, 동시에 일본제국주의 식민 통치를 강화하는 도구로 활용되었다. 지역 사회가 주도한 교육 발전 노력이 결국 식민지 통치 전략에 이용된 대표적인 사례로 볼 수 있다.

〈표 1〉 관립사범학교 설립 현황[5]

학교명	설립 연도	학급 수	교직원 수			학생 수			경비 총액(円)
			조선인	일본인	계	조선인	일본인	계	
경성사범학교	1922	25	10	44	54	459	641	1,100	639,875
대구사범학교	1929	18	6	26	32	586	247	833	281,925
평양사범학교	1929	18	6	26	32	591	119	710	268,470
경성여자사범학교	1935	18	12	31	43	430	479	909	418,045
전주사범학교	1936	15	5	30	35	651	48	699	367,677
함흥사범학교	1937	15	3	29	32	624	80	704	253,248
공주여자사범학교	1938	13	6	23	29	321	364	685	306,542
광주사범학교	1938	16	5	23	28	632	62	694	271,953
춘천사범학교	1939	11	5	23	28	518	27	545	297,765
진주사범학교	1940	12	1	24	25	580	46	626	312,914
청주사범학교	1941	8	2	14	16	376	24	400	266,320
신의주사범학교	1942	8	1	8	9	265	-	265	211,683
합계		177	62	301	363	6,033	2,137	8,170	3,896,417

구』 제7권4호(서울대학교 교육연구소, 2006), pp.196-198 참조.

5) 조선총독부학무국『조선제학교일람』(1942), pp.196-200. 위의 논문 p.199에서 재인용.

3. 공주여자사범학교의 운영과 교육 내용

교육과정과 인적 구성

경쟁률이 10:1에 이를 정도로 입학 경쟁이 치열했으며, 관비로 학비 지원을 받을 수 있었을 뿐만 아니라 졸업 후에는 교원으로 취업이 보장되었기 때문에 높은 인기를 끌었다. 합격자 명단은 매년 신문에 게재되었고, 일본 각지에서도 유학을 올 만큼 명성이 높았다[6].

공주여자사범학교는 4년제 심상과와 1년제 강습과로 운영되었으며[7], 교육과정에는 국어(일본어), 수학, 자연과학, 역사, 수신(修身), 체육, 음악, 가정 교육 등이 포함되었고, 교과목별 주당 시수를 살펴보면 국어(일본어) 26시간, 체육 12시간, 재봉 12시간, 역사/지리 10시간, 도화/수공 10시간 등으로 구성되었다.

또한, 예비 교원을 양성하기 위해 부속 초등학교도 함께 운영하였다. 이 부속 초등학교는 사범학교 학생들이 교육 실습을 수행하는 장소로 기능했으며, 조선인 아동과 일본인 아동이 함께 교육을 받았으나, 실질적으로 일본인 중심의 교육이 이루어졌다. 조선인 학생들은 차별적인 환경 속에서 학습해야 했으며, 교육 내용 역시 제국주의 이념을 주입하기 위한 방향으로 구성되었다.

---

6) 『동아일보』 1939.03.05., 1940, 03.05. 등 참조.

7) 당시 사범학교의 교육과정은 보통과, 연습과, 심상과로 다양하게 구성되어 있었다. 수업연한은 보통과와 심상과는 남자의 경우 5년, 여자는 4년, 연습과는 남녀 모두 2년이었다.

〈그림 1〉 공주여자사범학교 전경 모습

〈그림 2〉 공주여자사범학교 부속 초등학교 학생들의 등교 모습

특히 국어(일본어) 교육이 전체 교육과정에서 가장 많은 시간을 차지하고 있으며, 이는 일본어 습득을 강제하여 식민지 조선의 동화 정책을 추진하려는 조선총독부의 교육 방침을 반영한 것이다. 또한, 재봉과 수예 교육이 필수적으로 운영되었는데, 이는 일본제국주의 여성 교육 이념을 반영하여 조선 여성들을 가정과 노동 시장에서 종속적인 역할로 한정하려는 의도를 내포하고 있었다.

공주여자사범학교의 재학생 구성에서도 일본인 학생이 조선인 학생보다 더 많았다. 조선인 학생 321명에 비해 일본인 학생이 364명으로 우세했으며, 이는 일본인 여성 교원 양성을 우선시하는 운영 방침을 반영한 것이었다. 교직원 구성에서도 차별이 명확하게 드러났다. 일본인 교사가 23명이었던 반면, 조선인 교사는 6명에 불과했으며, 조선인 여성 교원은 극소수에 불과했다(〈표 1〉). 이는 공주여자사범학교가 일본인 중심으로 운영되었고, 조선인 학생과 교직원이 철저히 차별받았음을 보여주는 대표적인 사례이다.

학생 생활과 기숙사 운영

대부분의 학생들은 두 개 동으로 이루어진 기숙사(貞和寮)에서 생활하며 철저한 규율을 준수해야 했다. 졸업생 오문희(1927년생, 1940년 입학 심상과 3회)는 "놀 시간이 별로 없었어. 이제 기숙사 생활을 하는 건데 군대 생활과 같아. 군대 생활과 같아서 그래서 자유시간이 없고 마음대로 하는 시간이 얼마 없었어"[8]라고 증언한 바 있다. 이 증언에서도 알 수 있듯이, 학생들은 정해진 시간에 취침하고 기상하며, 일본식 예절과 규율을 엄격히 따르는 생활을 해야 했다. 기숙사 생활은 철저히 통제되었으며, 개인적인 자유는 극도로 제한되었다.

또한, 학생들은 정기적으로 총독부가 주관하는 행사에 참여해야 했으며, 전시 체제하에서는 근로 동원과 각종 지원 활동에 참여하는 등 일본의 전쟁 수행과 연계된 활동을 해야 했다. 이는 공주여자사범학교가 단순한 교원 양성 기관이 아니라, 식민 통치를 위한 체제 순응적 인력을 배출하는 데 활용되었음을 보여준다.

4. 일본제국주의 교육정책과 공주여자사범학교의 여성 교육

조선총독부의 여성 교육 이념

조선총독부의 교육정책은 일본어 습득을 중심으로 한 '충량한 국민' 육성을 기본 목표로 삼았으며, 여성에게는 '정숙온량한 덕의 함양'이라는 방침을 강조하였다. 이러한 방침은 1911년 「보통학교 규칙」을 통해 구체화되었으며, 여성에게만 '재봉 및 수예' 교과를 필수적으로 설정하고, 다른 교과에서도 '정숙의 덕 함양'(수신)과 집안일에 관한 내용(국어, 이과)을 포함하는 방식으로 반영되었다.

---

8) 박진섭 『일제 말기 교사양성 교육에 대한 구술사 연구』 (공주교육대학교 석사학위논문, 2008), p.76. 전진희, 앞의 논문, p.337에서 재인용.

조선총독부는 이를 통해 조선 여성들을 '정숙하고 온화한 덕성을 갖춘 존재'로 양성하는 데 초점을 맞추었다.

이러한 교육 이념은 일본에서 확립된 '현모양처(良妻賢母)' 교육 이념에 기반한 것이었다. 현모양처 교육은 크게 두 가지 요소로 구성되었다. 첫째, 가사·재봉·수예·교육을 중심으로 한 가정 교육, 둘째, 가족과 국가의 관계를 중시하는 수신(修身) 교육이다. 이러한 교육 방식은 여성의 역할을 가정 내로 한정하는 데 초점을 맞추었으며, 이는 조선 여성들을 일본제국주의 체제 내에서 순종적이고 종속적인 위치에 머물게 하려는 의도를 반영한 것이었다[9].

공주여자사범학교 역시 이러한 정책을 충실히 반영하며 운영되었다. 학생들은 일본식 가정 교육과 윤리관을 철저히 주입받았으며, 교육과정에는 재봉, 수예, 가정 교육이 필수적으로 포함되었다. 이는 단순히 교원 양성을 목표로 한 것이 아니라, 조선 여성들에게 '충량한 국민'으로서의 역할을 부여하면서도 남성과는 다른 인간상─즉, 정절을 지키고 가정생활을 담당하는 여성상─을 강조하는 교육 방식이었다.

여성 교육의 식민 통치적 성격

공주여자사범학교의 교육은 교원 양성이라는 명분 아래, 제국의

---

9) 김부자 저, 조경희·김우자 역 『학교 밖의 조선여성들』(일조각, 2009), pp.95-149 참조.

식민 통치를 정당화하고 지속시키는 데 기여하는 구조였다. 조선 여성들은 가정을 매개로 제국의 가치관을 재생산하는 존재로 길러졌다.

특히, 교육과정은 여성을 가정 내에서 남성의 조력자로 한정하기 위해 설계되었다. 재봉, 수예, 가정 교육 등의 과목이 필수적으로 포함되었으며, 이들 실기 과목은 여성의 가정 내 역할을 강조하는 일본의 교육 이념을 반영한 것이었다.

또한, 수신(修身) 교육을 통해 일본 국가와 천황에 대한 충성을 내면화하도록 교육하였다. 학생들은 매일 신사 참배를 강요받았으며, 국가에 헌신하는 것이 여성의 본분이라는 가치관을 주입받았다. 이러한 교육은 조선 여성들에게 개인적 자아보다는 집단과 국가를 우선시하는 사고방식을 형성하도록 유도하였으며, 전시 체제에서는 노동력과 지원 인력으로 활용될 수 있도록 준비하는 역할을 수행하였다.

〈그림 3〉 공주여자사범학교 재학생의 교내 신사 참배

〈그림 4〉 공주여자사범학교 부속 국민학교 학생들의 신사참배

　더 나아가, 공주여자사범학교에서 이루어진 여성 교육은 단순한 교실 내 학습에 그치지 않았다. 일본제국주의는 각종 행사와 의식을 통해 학생들이 일본의 지배 질서를 당연하게 받아들이도록 유도하였다. 학생들은 각종 동원 행사에 참여해야 했으며, 전시 동원과 관련된 활동을 수행하면서 일본 국가에 대한 충성을 실천하도록 요구받았다. 이는 단순한 교사 양성이 아니라, 조선 여성들이 일본제국주의 체제에 순응하는 국민으로 재편되는 과정이었다.

　결국, 공주여자사범학교의 교육은 여성들을 단순한 교육자로 양성하는 것이 아니라, 일본제국주의 체제를 강화하는 데 필요한 인력을 배출하는 수단으로 활용되었다. 일본은 조선 여성들에게 교육을 제공하는 듯한 모습을 보이면서도, 실질적으로는 그 교육이 일본의 제국 질서를 유지하고 강화하는 도구로 작동하도록 설계하였음을 알 수 있다.

5. 나오며

공주여자사범학교의 설립과 운영 과정은 지역 사회의 교육 발전 노력과 일본제국주의의 식민 통치 전략이 복합적으로 얽혀 있음을 보여준다. 지역 유지들과 공주 시민들은 교육 도시로서의 위상을 회복하기 위해 관립사범학교 유치를 적극 추진했지만, 그 결과로 탄생한 공주여자사범학교는 일본의 식민지 교육정책을 강화하는 역할을 수행하게 되었다.

이 학교는 여성 교원을 양성하는 동시에, 제국주의 이념을 내면화시키기 위한 수단이었다. 신사 참배와 수신 교육을 통한 충성심 고취, 재봉·수예 교육을 통한 가정 내 역할 강조, 일본인 중심의 교직 구성 등은 식민지 교육정책의 핵심 요소였다. 조선인 여성에게도 교사로 성장할 기회가 주어졌지만, 이는 제국 체제 유지라는 목적 안에서만 제한적으로 허용되었다.

1940년대 이후 공주여자사범학교의 교육 내용은 더욱 군국주의적 색채를 띠게 되었다. 학생들은 전쟁 지원 활동에 동원되었으며,

노동력 제공을 강요받기도 했다. 이 사례는 교육이 통치의 도구로 전락할 수 있음을 단적으로 보여준다.

해방 이후 공주여자사범학교는 교육기관으로서의 역할을 지속하며 한국 교육 발전에 기여했지만, 식민지 시기의 교육제도가 남긴 흔적과 지속성에 대한 논의는 여전히 중요하다. 일제강점기의 교육이 해방 이후 한국 교육 체제에 어떤 영향을 미쳤으며, 그 유산이 어떻게 청산되거나 재구성되었는지를 면밀히 분석하는 작업이 필요하다.

공주여자사범학교의 역사는 단순한 과거의 기록이 아니라, 오늘날 한국 교육 체계 형성과 밀접하게 연결된 과정의 일부다. 식민지기 여성 교육의 영향과 그 유산이 해방 이후 어떻게 계승되거나 재편되었는지를 분석하는 일은 여전히 중요한 과제다. 이는 교육이 단지 학문 전달의 수단을 넘어, 사회적·정치적 맥락에서 어떤 역할을 수행하는지를 이해하는 데 기여할 것이다.

일제강점기 대전지역의
사립교육기관과 야학 연구

길 미 현

1. 들어가며

지명 표기법은 지명을 먼저 우리말로 표기한 후, 한자의 '뜻과 음'을 빌려서 표기법 규칙에 따라 적어 왔다. 이러한 과정을 거쳐 삼국시대에 이르러 고유지명이 한자어식 지명으로 바뀌었다. 따라서, '큰 밭' '넓은 밭'이란 우리말 표현을 한자로 표기하면 대전(大田)이다. 대전을 구어(口語)로는 지금까지도 한밭이라고 일컬어지고 있고, 문어 (文語) 로는 대전으로 표기하고 있다. 오늘날 한밭과 대전이라는 명칭이 공존하는 이유는 이것에 기인한다[1].

---

[1] 대전의 역사지명, 대전(大田) 지명유래, 한밭 유래
   https://blog.naver.com/djtour93/223726497294 (검색일: 2025.03.20.)

대전이라는 행정 명칭을 본격적으로 사용하기 시작한 것은 현재 '원도심' 인동, 원동, 중동, 정동을 대전면이라고 부르기 시작한 1914년부터이며2), 대전은 대전면 주변 지역을 편입시켜 대전읍으로 승격하고, 1914년에는 지방제도 개편에 따라 회덕군, 진잠군 및 공주군의 일부를 병합하여 독립된 행정구역인 대전군이 생겨난다. 1932년 10월에 충남도청이 공주에서 대전으로 이전하여 대전지역은 인구증가와 더불어 상업도시로 급격하게 발전하게 된다. 이러한 결과, 1935년 10월에 대전읍이 대전부로 승격화됨에 따라 대전군은 폐지되고 대덕군이 탄생한다. 게다가, 1904년 경부선이 설치되어 한촌에 불과했던 대전은 근대도시로 발전한다. 철도건설의 영향으로 일본인이 대전으로 이입함에 따라 인구가 증가한 대전은 상업화가 활발하게 이루어져 근대도시로 급부상하게 된다. 산업화와 더불어 대전거주지 일본인뿐만 아니라 조선인들도 자녀교육에 대한 관심이 높아졌다.

대전에 거류하는 일본인들은 1905년 11월 '대전거류민회'라는 조직을 결성하고, 자녀 교육을 위해 학교설립을 추진하여 대전소학교를 세운다. 조선인들도 일제의 교육정책에 대한 반발과 민족정신 고취를 위해 사립교육기관과 야학을 설립한다.

일제강점기 조선총독부의 교육정책은 "조선의 제도권 교육기관과

---

2) 1910년 한일합방 후, 1914년에 이르러 회덕군, 진잠군 및 공주군의 일부를 병합하여 대전군이라 개칭하였다.

사회적 교육기관"3)이었다. 전자는 국공립이며, 후자는 사설교육기관 및 야학이라고 볼 수 있다. 일제는 대부분의 교육기관에 대해 직접적, 간접적으로 규제를 하였고, 교육정책을 통해 조선을 지배정치하려고 했다. 이와 같은 현상은 일본인의 이입으로 인해서 형성된 근대도시 대전지역에서도 볼 수 있다.

따라서 본고에서는 대전지역에 설립된 사립교육기관과 야학의 형성과정과 역할 및 작용에 대해 서술함으로써 일제강점기에 있어서 대전지역의 사립교육기관과 야학의 역사적 의의를 찾아 보려고 한다.

2. 사설교육기관과 야학의 탄생 및 운영

2-1. 사립교육기관의 형성 배경 및 역할

사립교육기관은 애국계몽운동기인 한말에 서양식 교육을 받은 선각자들에 의해서 설립된다. 이때 당시 사립학교의 건립의 목적은 나라를 지키기 위한 이데올로기였다. 그러나 을사늑약에 의해 일본이 조선의 내정간섭을 시작하면서 조선의 사립교육은 민족운동의 하나로 간주되어 탄압받기 시작한다. 일제는 1908년 '사립학교령'을 공

---

3) 이상원「일제강점기 조선총독부의 교육정책과 일본어 교육의 실태」『인문사회과학연구』제22권 제3호, (인문과학연구소, 2021), p.115.

포함에 따라 조선의 사립학교 및 야학을 규제, 탄압하기 시작하였고, 이와 같은 규제로 많은 사설교육기관은 폐쇄되었다. 일제는 한일합방 이후부터 해방까지 '조선교육령'에 의해 필수과목이었던 조선어가 선택과목으로 일본어가 국어로 바뀌는 등 일본어 보급을 동화정책의 최선책4)으로 생각하고 있었다. 강제와 규제, 탄압 속에서 이루어진 교육정책은 사회에 상당한 영향을 미쳤지만, 1919년 3·1운동에 의해서 식민통치 정책이 문화통치로 전환되었고, 이 시기에 사립교육이 활발하게 이루어져 성장하게 된다.

石川武敏는 1920년대의 조선의 야학은 조선총독부에 의한 공립학교체계와는 달리 조선인의 손에 의해서 설립된 민중적 민족교육기관이며, 야학을 조선총독부는 낮에 이루어지는 교육에 포함시켜 사설학술강습회라는 명칭으로 인식했다라고 언급하고 있다5). 야학은 낮에 수학할 수 없는 농민이나 노동자, 주부, 근로청소년들이 다녔기 때문에 야학을 하나의 사회운동으로 간주했다. 이와 같이 야간에 이루어진 사설학술강습회가 야학이다. 야학은 노동야학, 농민야학, 여자야학으로 나누고 있으며, 1920년대에 들어서는 야학의 설립이 본격화된다. 그것은 공립교육기관의 부족으로 아동의 문맹 해결 및 성인남녀의 보통교육이 시급했기 때문이다. 민족주의계 사립학교와 야

---

4) 이상원「일제강점기 조선총독부의 교육정책과 일본어 교육의 실태」『인   문사회과학연구』제22권 제3호, (인문과학연구소, 2021), p. 117.

5) 石川武敏「1920年代朝鮮における民族教育の一断面」『北大史学』第21号、(北大史学会、1981)

학은 사회운동과도 연관이 있어 역사적으로 상당한 의미를 내포하고 있다. 그렇지만, 사립학교는 교육내용, 교사임용, 학생수, 학교시설 등에 일제의 규제를 받았기 때문에 공립학교와의 차이는 거의 찾아볼 수가 없고, 서당, 강습소에서의 교육도 차이는 보이지 않는다. 교육의 내용은 국어(일본어), 산술, 조선어 세 과목은 기본이었으며, 그외에 사지, 상업, 수신, 영어 등도 있었다. 이때 당시의 사립교육기관의 명칭은 학교, 학원, 야학, 의숙 등 다양하게 사용하였다.

일본은 1911년 8월에 공포한 조선교육령을 통해 식민지 교육정책을 시작한다. 교육정책의 최대 목적은 일본어 학습을 통해 식민지 지배체제를 따르도록 유도하는 것이다. 게다가 언어의 힘의 작용은 사회에 지대한 영향을 미친다는 것을 인식한 일본은 '우민화정책'을 시도하기도 한다. 양승연은 일제강점기의 조선의 교육은 "지배체제에 순응하는 조선인을 만들기 위한 기초적인 수준의 교육이 필요하였으며, 실업교육을 통해 자본주의의 발달에 공헌할 수 있는 순한 노동자"[6]를 육성하기 위함이라고 언급하고 있다. 이와 같이 일제는 식민지 교육정책을 통해서 조선인을 통치, 지배하려고 하였다. 그 당시 조선인들은 식민지에서 벗어나려고 민중의식으로 공립학교를 증가시키고, 서당과 강습소 등의 사설교육기관을 만들었다.

일제강점기 대전지역의 사립학교는 전국의 흐름과 비슷한 양상으

---

6) 양승연「일제강점기 대전지역의 사립교육기관 설립운동」
『충청문화연구』 제4집,(충남대학교 충청문화연구소, 2010), p.85.

로 많이 설립된다. 대전지역은 1919년 진잠면 남선리에 문달학교(정재용)를, 기성면 가수원리에서는 佳水園夜学이 주학으로 발전하여 1920년대 槿華義塾(이호승)이 설립되었다[7]. 1925년에 기성면 평촌리에는 吉軒義塾이 설립되지만, 吉軒義塾는 일본의 탄압으로 폐지되었다가 재설립된 것이다. 1925년 산내면 침산리에는 東興義塾(최영군, 김진태)이 설립, 이외에도 유천면 안영리의 永興義塾이 있다[8]. 1910~1920년대에 설립된 사립학교는 야학의 수에 비해 적었다. 그 이유는 1920년대에 야학의 설립이 활발하였고, 게다가 인가를 얻어 사립학교를 세우기 보다는 야학의 설립이 쉬웠기 때문이다. 그렇지만, 1930년대부터는 서당과 야학에 대한 일제의 탄압도 심해지고, '서당취제규칙'을 공포하여 인가를 받지 않았을 경우 운영을 할 수 없게 되었다. 이에 따라 입학난은 더 심해졌으며, 조선인들은 일제 당국에 '인가제'의 폐지를 요구하기도 하고 경제적인 지원을 요청하였으나, 성립되지는 않았다.

1930년대에 등장한 대전 시내 8개 사립학교(대영학원, 영신학원, 대성학원, 보문학원, 배영학원, 웅진학원, 일광학원, 소제학원)은 입학난을 해결해 주었으며, 이 8개의 사립학교는 설립자뿐만 아니라 농민들, 지역주민들의 도움과 협력으로 인해서 유지가 되었다. 1920

---

7) 「동아일보」「佳水学夜学落成式」(1922.6.13. (4면))

8) 사립교육기관 설립의 현황은 양승연「일제강점기 대전지역의 사립교육기관 설립운동」 『충청문화연구』 제4집, (충남대학교 충청문화연구소, 2010), pp.85~142. 참고함.

년대의 사립학교는 몇몇의 선각자에 의해서 성립이 됐다면, 1930년 대의 사립학교는 지역주민의 협력이 학교 유지의 기반이 되었다. 8개 사립학교 중 대영학원은 입학생의 증가에 따라 야학➡주학으로 변환하여 운영하기도 하였다. 야학은 일제당국의 인가 종용으로 그 기준을 채우지 못하고 폐지되기도 하였다. 인가종용뿐만 아니라 '교사양도명령'으로 대전지역의 사립학교는 흔들리기 시작하였고, 이러한 교육기관은 일제의 간섭과 탄압으로 일본어 교육기관으로 변질되기도 했다. 일제는 교육의 힘을 두려워하여 조선인에게 교육의 기회를 주지 않기 위해 '우민화정책'을 실시한다.

일제강점기 식민지 교육정책은 대전지역에도 적용, 운용되었고, 그럼에도 불구하고 대전지역 선각자들은 교육운동의 일환으로 사립교육기관을 설립하여, 일제의 식민지 교육정책에 대응하려고 했다. 따라서 일제강점기에 사립교육기관의 역할은 큰 의의를 갖는다고 볼 수 있다.

2-2. 야학의 형성 배경 및 역할의 의의

근대교육 기관으로서의 야학은 1890년대 중반에 시작되었으며, 이 시기의 야학은 사회교육을 대신하는 것으로 간주되었고, '교육입국론'의 하나로 제기되었으나 기대만큼 큰 효과를 보지 못 한 것으로 알려져 있다. 허재영은 김형목의 논을 통하여 우리나라의 야학이 활성화된 시점은 1906년 이후로 보고 있다. 1906년 전후의 야학은 강습소와 같은 형태로 운영되었으며, 보통교육 또는 학교 교육의 보급이 미지한 상태에서 사회교육을 대신하는 용어처럼 쓰여 왔다. 교육대상은 미취학 아동과 성인, 농민, 여성이었으며, 목적은 문맹퇴치 및 지식보급을 위한 차원에서였다[9]. 그러나 여기에서 주목해야 할 점은 야학의 운영의 목적은 문맹퇴치는 물론, 교육입국의 이념과 더불어 국권회복에 있다는 것이다. 당시 교육내용은 주로 일어, 법학, 사범이 중심이었다.

1910년대의 일제는 지배정치를 하기 위하여 일본어 교육을 야학이나 강습회에서 시행하였다. '국어강습회'는 내선일체에 의한 동화정책을 보조하는 역할을 하는 최하부 교육기관이었다. 여기에서 국어는 일본어를 의미한다. 당시, 교육기관은 일본어 보급을 위한 기관이었으며, 일본어 보급을 최우선시하였다.

위에서도 논술한 바와 같이 1919년 3.1운동을 계기로 식민통치지배에서 문화정치로 전환되어 민족해방운동 및 문화계몽운동이 활성화 되었고, 이것을 계기로 선구자들은 야학을 민족운동의 매개체로 적극적으로 활용하였다. 문화정치의 전환과 더불어 청년운동은 전국적으로 확산되었고, 이들은 문맹퇴치의 필요성과 시대의 정세 흐름에 부응할 새로운 대책으로 강습소, 야학설립, 운영에 적극적으로 참여하였다. 『동아일보』에서도 1922년 4월부터 1924년 8월말까지 경

---

9) 허재영 「근대 계몽기 야학의 대상과 교재 연구」 『어문논집』제51집, p.139. 재인용

기도에만 야학과 시설강습소는 346개소나 운영하였다고 보도하고 있다[10].

1920년대의 교육열은 공립학교의 입학난을 초래하여 학교설립의 부족과 입학난을 해결하기 위해 야학은 설립되었다. 그렇지만, 일제는 조선인의 교육열을 최소화시켜 식민지 지배체제를 유지하려고 했다. 일제는 조선인이 만든 서당과 강습소, 사립학교 등을 일부분은 공립으로 전환시키고 인가 기준을 엄격히 설정하여 이에 맞지 않은 학교는 폐지시키고자 하였다. 이와 같은 것은 대전에서도 예외적이지는 않았다.

『朝鮮新聞』대전일진회에서는 정례적으로 야학을 개시하고, 군시제사 공장에는 11명의 희망자와 일본인과 내선자제(內鮮子弟) 42명의 수강생이 있었고, 입학을 시행했다는 기사가 있다[11]. 『京成日報』에서는 대전교육회에서는 27일 오후 7시 30분부터 대전소학교에서 보습야학교를 개시한다는 모집공고를 내기도 했다. 지원자는 소학교 혹은 보통학교 졸업생 정도로 추측하고 있다[12].

1921년 12월 대전군에는 18개 정도의 야학이 존재했다. 1920년대 야학설립을 주도한 이들은 대개 해당지역의 유지, 사회운동단체와 사회운동가들이었다. 교회가 설립 추최가 되는 경우도 있었다. 사

---

10) 『동아일보』「기내학술강습, 삼백사입육개소」(1924.09.20.)

11) 『朝鮮新聞』「大田夜学会」(1927.10.01.(昭和2年))

12) 『京成日報』「大田補修夜学校」(1926.09.19.(大正15年))

회단체에서 직접 운영하였던 강습소는 대전군 정포리의 야학(대전청년회, 1922), 대전군 대동리의 야학(대전소년회, 1922), 유성면 학하리의 야학(학하리 농무조합. 1922), 유천면 복수리의 야학(대전농민조합 유천지부, 1928) 대전면 대동리의 야학(대전노동청년회, 1928), 북면 신탄진의 야학(신탄진청년회, 1928) 등 이었다. 사회운동가들에 의해 설립된 강습소는 가수원리의 가수원야학(이호승, 1921), 부사리의 보문야학(유성득, 1921), 목척리의 야학(문천군, 이강년, 1921), 신대리의 야학(황봉근, 육종주, 1921), 수침리의 남녀야학(권강득, 1921), 유성면의 야학(이영기, 1925), 원정리의 야학(민운식, 1927)등이 있다[13].

대동리 미감리교회에서는 1922년과 1923년에 각각 야학[14]과 여자야학을 설립하였고, 1926년에는 엡윗청년회와 연합하여 대동리교회 내에, 외남면 부사리의 조선예수교 대전교회에서도 야학을 설립하였다. 사립학교를 세우지는 않았던 교회는 야학을 건립하여 활발하게 활동을 한다. 야학의 운영은 사립학교와 마찬가지로 경제적인 문제에 부딪힌다. 야학의 운영유지를 위하여 지역의 유지들과 학부모의 도움을 받아서 후원회를 만들기도 하고, 여러 가지 행사를 통해 유지기금을 모금하기도 했다. 이러한 경제적인 난을 해결하고자

---

13) 양승연「일제강점기 대전지역의 사립교육기관 설립운동」『충청문화연구』제4집, (충남대학교 충청문화연구소, 2010) 의 논문에서 대전에 설립된 야학의 도표를 참고함.

14) 『동아일보』「대전교사야학경영」(1922.10.29.(4면))

대전지역에서는 '노동야학연합회'를 만들었다. 그 당시 야학과 사립학교가 경제적으로 곤란한 환경이라는 것을 간파한 일제는 식민지배체제를 유도하기 위하여 '모범서장'이라는 제도를 만들어 재정적으로 도움을 주었다. 그 반면, 교원자격과 교과목, 학생수, 수업료 등 전반적인 운영에 규제와 간섭을 하였으며, 교과목도 일본어를 필수 과목으로 선정하여 보통학교와 같은 교육과정으로 운영하였다.

일제의 야학 규제와 탄압은 점점 강해졌고, 야학을 통해 불온사상의 전파를 막아보자는 취지에서 도 단위로 야학을 개설하거나 강습회를 개최하였다. 유천면과 기성면 각 리에 개설한 단기야학 과정은 12월~3월까지였으며, 대상은 20세 이상 35세 미만의 청년이었고, 교재는 조선어독분이었다[15]. 청년들을 교육대상으로 삼았던 것은 사회를 바라보는 의식의 변화를 추구하기 위해서이다.

일제는 사설교육기관과 야학에 대해서 특히 경계가 심했던 이유는 일본인이 거주하는 도시지역과 멀리 떨어져 있는 농촌지역에 신설이 되어 감시가 어려웠던 점과 사회단체나 사회운동가들이 세운 야학에 의해 불온사상이 확대될 것이라는 생각때문이었다.

1930년대 일제는 새로운 야학의 설립은 억제하고 기존의 야학은 진흥회의 관리로 전환시키거나 간이학교로 새롭게 개편하였다. 1932년 6월 우가키(宇垣) 총독은 농어산촌진흥 자력갱생 운동의 실시계획을 발표하여 청년의 교화와 지도를 중요시 여겼다. 이 운동은

---

15) 『중외일보』(1927.12.23.(4면))

일본어 보급을 장려하고 진흥회에 의해 야학이 운영하는 것을 장려했다. 이것은 기존의 야학과 사립학교가 진흥회의 관리로 전환되었다는 의미이기도 하다. 일제말기에는 전시체제에 동원될 조선인을 양성하기 위해 교육의 기회를 확대하기도 하였다.

한편 실업교육을 목적으로 한 강습소들은 유지 혹은 실업가들에 의해 활발하게 설립되었다. 대전지역이 철도설립에 의해 산업도시로 발전함에 따라 노동자의 양성이 요구되었고, 일제 자본주의 세력과 조선인 유지들에 의해 교육기관이 마련되었다. 1934년에 설립된 대전측량기술원양성소는 1937년에 대전공과학원으로 개칭되었다. 이 공과학원은 조선내의 유일한 측량기술자 양성기관으로 졸업생들은 대전뿐만 아니라, 만주지방에 진출하여 취직을 하였기 때문에 인기가 많았다. 일본인인 미쿠리아(御厨健次郎)에 의해 설립된 대전측량기술원양성소는졸업생들의 만주진출로 인해 중국어도 학습하였지만, 1944년에 폐교가 된다. 이 외에도 대성의학강습소(1936), 남성사진학원(1930), 대전자동차강습소가 설립되기도 하였다. 1934년 10월에는 대전상업야학교가 설립되었다가 1935년 3월에 정식으로 인가를 받았다. 이와 같은 야학은 국문 보급보다는 기술적인 지식과 일본어를 강조하는 경향이 있었다.

야학의 전개과정은 물론 교재 및 교육내용도 매우 다양한 양상이었다. 야학은 문명퇴치와 입학난을 해결하기 위해 탄생되어 민중의식을 각성시키는 기폭제의 역할을 하였지만, 식민정책에 순종하여,

일본어 습득에 의한 능력 향상에만 집중하는 '식민야학'으로 변질되는 경우도 있었다.

본고에서는 대전지역에 있어서 조선인이 만든 야학을 중심으로 서술하였지만, 일본인이 다니는 善隣商業学校夜学専修科와 仁川商業夜学校16)가 개설되었다. 이 두 개의 학교에서는 어떤 교과목으로 어떤 교육을 진행을 했는지에 대해서는 다음과제로 넘기고자 한다.

3. 나오며

본고에서는 일제강점기 대전지역에 있어서 사립교육기관과 야학의 성립배경과 운영, 역할을 중심으로 논술하여 교육기관의 역사적 의의를 찾고자 하였다.

1890년대 후반 부국강병책의 일환으로 대두된 야학은 배움의 장소로 인식되었지만, 그다지 발전, 확산된 모습은 아니었다. 을사늑약을 전후로 조선인들은 식민지화에 대한 위기감을 느끼고 야학 및 사설교육기관을 설립하여 국권을 회복하고자 하였다.

일제강점기 일제와 조선의 교육의 방침은 대조적이다. 조선은 사립교육기관 및 야학을 활성화하여 국권을 회복하고자 하였고, 일제는 지배체제에 순응하고 복종하는 조선인을 만들기 위해 일본어를

---

16) 統監府「第2次韓国施政年報」1908 (明治 41) p.178.

국어로 책정하는 언어권력을 형성, 실업교육을 통해 노동자를 육성하려고 하였다.

1919년 3.1운동에 의해서 식민지 지배정치에서 문화정책으로 전환되어 조선인들의 교육열은 높아졌으며 이에 따라 공립학교에서는 입학난이 발생하여 사회적인 문제로 대두된다. 이와 같은 현상으로 인해 교육의 보급대책으로 사설교육기관 및 야학이 생겨났고. 대전지역도 이러한 정세에 따라 다양한 교육기관이 탄생한다.

1904년 대전지역은 철도건설로 인해 대전으로 일본인의 이주에 의해 산업화 근대도시로 발전하였으며, 일본인에 의해 학교가 설립된다. 반면, 대전지역의 선구자, 유지, 청년회는 사설교육기관 및 야학을 활성화시켜 문명퇴치는 물론 민족의식을 고취시키려고 하였다. 사회운동가, 사회단체, 교회에서 설립한 교육기관은 식민지 정책에 의해 규제와 탄압을 받아 폐지가 되는 시설도 생기지만, 선구자 및 마을의 유지들은 교육 정책이 유지되도록 끊임없이 노력하였다. 일제는 "'일본어 보급'의 이데올로기"를 강화했으며, 이 이데올로기는 일제강점기의 중심언어 정책"17)으로 변화하기도 하였다. 일제가 교육정책이라는 권력을 이용하여, 일본어=일본정신을 대전지역 사람들에게 심으려고 하였으나, 대전지역의 사회운동가 및 유지들은 사립교육과 야학을 통해 활발하게 교육운동을 하여 특권층만 가능했던

---

17) 허재영 「근대 계몽기 외국어 교육 실태와 일본어 권력 형성 과정 연구」『동북아역사논총』44호(동북아역사재단, 2014) p.317.

교육을 대중에게도 확산시킨다. 대중으로의 교육확산이라는 운동은 한국 근대교육사상 중요한 의의를 갖는다고 볼 수 있다. 또한, 사립 교육기관과 야학은 대전지역의 사회운동가 및 유지에 의해 만들어졌다는 점이 역사적으로 상당한 의의가 있다.

일제강점기 한반도 지역 교육법제

-「조선교육령」제 · 개정을 중심으로 -

김 유 정

1905년 을사늑약 이후, 안중근 의사는 1906년 교육을 통한 구국 계몽(救國啓蒙)의 장으로 평안남도에 삼흥학교와 돈의학교를 설립하였고, 안창호 선생은 1907년 평양에 대성학교, 1924년 중국 난징(南京)에 동명학교를 설립하며 교육입국론에 의거한 교육구국(教育救國) 운동을 전개하였다. 그러나 1911년 조선총독부에 의한「조선교육령」이 공포·시행됨에 따라 일제강점기 민족교육을 담당하던 학교들은 모두 폐교의 길을 걷게 되었다.

1910년을 기점으로 한반도 지역에 영향을 미친 일제강점기하 교육 관련 법제의 근거를 파악하고, 각 시기별 규정의 변화를 살펴보고자 한다.

1. 일제강점기 교육법제의 근간, 「교육칙어(敎育ニ関スル勅語)」

현행 일본「敎育基本法(교육기본법, 2006년 12월 22일 공포·시행)」은 1947년(쇼와 22년) 3월 31일 공포·시행된 「교육기본법」 (1947년 법률 제25호)(이하, '구법(旧法)'이라 함)의 전부를 개정한 것이다.

구법(구 교육기본법)에 대한 제국의회 심의과정에서 제1차 요시다 (吉田) 내각 당시의 문부대신 다카하시 세이이치로(高橋誠一郎)가 "(구)교육기본법안은「敎育ニ関スル勅語(교육에 관한 칙어, 이하 '교육칙어(敎育勅語)'」와는 모순되지 않는다"는 내용의 답변을 한 바 있다. 사실상 구법은 전후의 급격한 교육개혁하에서 기본문서로 여겨지기도 했고, 1890년(메이지 23년) 10월 30일에 공포된 「교육칙어」를 대신하는 것으로 규정되는 경우가 많다.

「교육칙어」는 메이지시대 근대 일본교육의 기본 방침으로 내려진 칙어(勅語)이며, 공식 문서에서는 '敎育ニ関スル勅語(교육에 관한 칙어)'로 표기하지만, 일반적으로 '교육칙어'라고 한다. 국민 도덕의 기본과 교육의 근본이념을 명시하고 있으며, 그 내용에 관해서는 공포 초기부터 난해하여 다수의 해석이 존재하고 있다. 특히 국민이 지켜야 할 '덕목'을 내걸어 황실에 부익해야 한다고 정하고 있으나, 「덕목」의 구체적인 내용에 관해서는 다양한 의견이 있다. 전쟁 전의

주석서에서는 9개에서 16개 정도의 덕목으로 분류하는 것이 주류였지만(애초에 덕목을 내걸고 있는 것인가 하는 점에도 여러 가지 설이 있음), 현대에 들어서는 1973년 메이지신궁 사무소(明治神宮社務所)에서 '12개의 덕목'으로 정리하여 발행한 해석서(『大御心 明治天皇御製 敎育勅語 謹解』)가 널리 보급되어 있다.[1]

전후 「교육기본법」과 제국주의 시대의 「교육칙어」와의 관계에 대해서는 1948년(쇼와 23년) 6월 19일 중의원(衆議院, 하원)의 「교육칙어 등 배제에 관한 결의(敎育勅語等排除に関する決議)」와 참의원(参議院, 상원)의 「교육칙어 등의 실효 확인에 관한 결의(敎育勅語等の失効確認に関する決議)」에서 부정하고 있다. 한편, 1947년 3월 31일 제정된 구법 전문(前文)을 보면, 약 1개월 후 5월 3일 시행된 일본국헌법과의 관련성을 강하게 찾을 수 있다. 일본의 이상을 실현하기 위해 헌법의 정신에 따라 교육의 기본을 확립하고 그 진흥을 도모하기 위해 이 법률을 제정한다고 밝히고 있다.[2]

일본 국회 결의문은 신헌법, 교육기본법, 학교교육법이 시행되는 가운데 결의되어 제2차 세계대전 이전의 교육에 사용되었던 「교육칙어」의 지도 원리성을 부정함과 동시에, 각 학교에 하사(배포)되어 있던

---

1) 明治神宮(메이지신궁), 「敎育ニ関スル勅語(교육에 관한 칙어)」, 〈https://www.meijijingu.or.jp/about/3-4.php〉.

2) 일본 교육기본법 제·개정 연혁 및 국회 심의과정은 다음을 참조할 것. 日本法令索引, 「敎育基本法」〈https://hourei.ndl.go.jp/#/detail?lawId=0000108415〉.

「교육칙어」의 등본(謄本)을 행정기관이 회수하도록 하였다. 또한 「교육칙어」의 봉독(奉読, 낭독)과 신성한 취급에 대해서는 이미 1946년(쇼와 21년)부터 행하지 않게 되었지만, 학교 교육에서「교육칙어」낭독을 하는 경우도 남아있었다.

중의원과 참의원 두 결의문의 내용은 각 의원(議院)마다 다르고 그 취지도 미묘하게 다르게 나타났다. 중의원은 일본국헌법 제98조(최고법규)[3]의 취지에 따라 배제하기로 했고, 참의원은 일본국헌법에 따라 「교육기본법」을 제정한 결과에 의해 「교육칙어」는 이미 폐지되어 효력을 상실했다고 결의했다. 결의의 계기로는, 우선 미국 국방부가 「교육칙어」를 전면적으로 부정한다는 방침을 내세웠고, 극동위원회(Far Eastern Commission)에서도 일본교육제도에 관한 정책으로 「교육칙어」는 교수(教授), 연구, 의식의 근원이 되어서는 안 된다고 결정한 점을 들 수 있다. 이를 바탕으로 1948년 5월에 연합군 최고사령관 총사령부(GHQ/SCAP) 민정국(GS)이 중·참 양원 문교위원회(文教委員会) 위원장을 불러 「교육칙어」를 부정하는 결의를 하도록 구두로 지시한 것으로 알려졌다. 그 후 중·참 각 의원(議院)에서 개별적으로 회의(打合会)가 열렸으며, 여러 차례 중·참 양원 문교위원장 간의 협의도 이루어졌다. 그 결과, 1948년 6월 19일,

---

3) 일본국헌법 제98조: 이 헌법은 국가의 최고법규로서, 그 조규(条規)에 반하는 법률, 명령, 조칙 및 국무에 관한 그 밖의 행위 전부 또는 일부는 그 효력이 없다. 일본국이 체결한 조약 및 확립된 국제법규는 이를 성실히 준수할 것을 필요로 한다.

위원회의 심사를 생략하는 형태로 결의안이 각 의원(議院) 본회의에 제출되어 모두 만장일치로 가결, 성립되었다.

이 결의안의 명분에 대해 일본 신헌법 제정에 관여한 미 국방부를 비롯한 GHQ의 방침을 내세우고 있지만, 사실상 일제강점기「교육칙어」하에 이루어진 모든 행위가 신헌법체제하에서는 부정할 수 있는 근거도 될 수 있는 것이다.

이른바 전쟁기에 「교육칙어」는 극단적으로 신성화되었다고 보는 견해가 대다수이다. 「치안유지법」 체제하의 1930년대에 들어서자 「교육칙어」는 국민교육의 사상적 기초로서 신성화되었으며, 「교육칙어」사본은 대부분의 학교에서 어진(御眞·일왕·왕후의 사진)과 함께 봉안전·봉안고 등으로 불리는 특별한 장소에 보관되었다. 또한, 학생에 대해서는 교육칙어의 전문을 암송하는 것도 강하게 요구되었다. 특히 전쟁이 격화되는 가운데 1938년(쇼와13년)에 「국가총동원법」(1913년 법률 제55호)이 제정·시행되자, 그 체제를 정당화하기 위해 이용되었다. 따라서 교육칙어의 본래 취지에서 괴리되는 형태로 군국주의의 교전으로 이용되기에 이르렀다. 일례로, 1941년 일본의 초등학교 4학년생 교과서(『初等科修身 四』 1941年、通称 「第五期修身書」) 에서 '목숨을 바쳐(命をささげて)'라는 부분 등은 태평양전쟁 시기 맹목적 충성과 속박을 통해 수많은 희생을 강요시킨 근간이라고 할 여지가 충분하다.

2. 제1차 조선교육령(1911.11.1.~1922.3.31.): 일본어 보급 등 기초제도 도입

「조선교육령(朝鮮敎育令)」은 일제강점기 한반도 지역에서의 교육을 포괄적으로 규정한 칙령이다. 일제의 한반도 통치기관인 조선총독부가 교육을 실시·감독함에 있어 그 특수한 환경조건을 고려하여 제정·공포되었다.

「제1차 조선교육령(第一次朝鮮敎育令, 明治44年8月24日勅令第229号)」은 1911년(메이지 44년) 8월 24일(한·일 병합조약 이듬해) 공포되었다. 시행일은 조선총독이 정하는 것(부칙 제1항)으로 되어 있으며, 1911년 10월 20일 조선총독부령 제109호에 의해 같은 해 11월 1일부터 시행되었다. 총 2장(제1장 강령·제2장 학교) 30조로 이루어져 있으며, 「교육칙어」의 취지에 따라 충량한 국민을 육성하는 것을 교육의 본의로 삼고, 교육을 크게 '보통교육'·'실업교육'·'전문교육'의 3종류로 나누어 규정하고 있다. 적용 대상은 '조선에 있어 조선인의 교육'(제1조)으로, 한반도에 거주하는 일본인은 대상에서 제외되었다.[4]

---

4) 日本法令検索, 「朝鮮敎育令(昭和13年3月4日勅令第103号)」,
〈https://hourei.ndl.go.jp/#/detail?lawId=0000027305&current=9〉.

자료: "조선총독부 관보" 제1면, 국립중앙박물관
〈http://viewer.nl.go.kr:8080/gwanbo/viewer.jsp?pageId=GB_191110
20_AB0001_001〉.

○ 보통교육(제5조, 제8조~제19조)

보통의 지식·기능을 가르치고, 국민(일본인)으로서의 성격을 함양하여, 국어(일본어)를 보급하는 것을 목적으로 한다. 보통교육을 실시하는 학교로 보통학교, 고등보통학교, 여자고등보통학교를 둔다.

- 보통학교

수업연한을 4년(단, 지방 실정에 따라 1년 단축 가능.), 입학자격을 8세 이상으로 한다.

- 고등보통학교

수업연한을 4년, 입학자격을 보통학교(4년)를 졸업한 12세 이상의 남자로 한다. 관립 고등보통학교에는 사범과나 교원 속성과의 설치가 가능하다. 사범과는 수업연한을 1년, 입학자격을 고등보통학교(4년) 졸업자로 한다. 교원 속성과는 수업연한을 1년 이내, 입학자격을 16세 이상으로 고등보통학교 2년 수료자로 한다.

- 여자고등보통학교

수업연한을 3년(남자보다 1년 짧음), 입학자격을 보통학교(4년)를 졸업한 12세 이상의 여자로 한다. 기예과(12세 이상의 여자로 수업연한 3년 이내)의 설치가 가능하고, 관립 여자고등보통학교에 사범과(여자고등보통학교(3년)의 졸업자로 수업연한은 1년)의 설치가 가능하다.

○ 실업교육(제6조, 제20조~제24조)

농업·상업·공업 등에 관한 지식 기능을 부여하는 것을 목적으로 한다. 실업교육을 하는 학교로 실업학교가 설치되며 실업학교는 농업학교, 상업학교, 공업학교, 간이실업학교로 구분된다. 실업학교의 수업연한을 2년 내지 3년으로 하고 입학자격을 보통학교(4년)를 졸업한 12세 이상으로 하되 간이실업학교의 수업연한 및 입학자격에 관해서는 조선총독이 따로 규정하도록 하였다.

○ 전문교육(제7조, 제25조~제27조)

고등의 학술·기예를 가르치는 것을 목적으로 한다. 전문교육을 실시하는 학교로 전문학교가 설치되었다. 전문학교는 수업연한을 3년 내지 4년, 입학자격을 고등보통학교를 졸업한 16세 이상으로 정하였다.

○ 조선총독 권한(제28조~제30조)

공립 또는 사립의 보통학교, 고등보통학교, 여자고등보통학교, 실업학교 및 전문학교의 설치 또는 폐지는 조선 총독의 허가를 받아야 한다. 또한, 각 학교의 교과목 및 그 과정, 교과서, 수업료에 관한 규정은 조선총독이 정한다. 규정 이외의 학교에 관한 것은 조선총독이 정하는 바에 따르도록 하였다.

3. 제2차 조선교육령(1922.4.1.~1938.3.31.): 일본 학제와의 일체화 추진

「제2차 조선교육령(第二次朝鮮教育令, 大正11年2月6日勅令第19号)」은 1922년(다이쇼 11년) 2월 6일「제1차 조선교육령」을 폐지하고 공포되어 같은 해 4월 1일 시행되었다. 이는 전쟁이 심화되는 1938년 전부개정되어 「제3차 조선교육령(第三次朝鮮教育令, 昭和13年勅令第103号)」으로 변경된다.

「제2차 조선교육령」은 적용 대상을 '조선에서의 교육'(제1조)으로 하여, 한국인뿐만 아니라 일본인도 대상으로 삼았다. 다만 '국어(일본어) 상용(常用)'에 따라 구분하는 형태를 취하였지만, 실제로는 동일한 교육제도·교육기간을 설정함으로써 일본식 교육을 강화하고자 하였다.

일본어를 상용하는 자에 대한 보통교육을 「소학교령(小学校令)」·「중학교령(中学校令)」·「고등여학교령(高等女学校令)」에 근거하여 소학교·중학교·고등여학교에서 실시하였으며, 일본어를 상용하지 않는 자에 대한 보통교육을 보통학교·고등보통학교·여자고등보통학교에서 실시하도록 하였다. 보통학교·고등보통학교·여자고등보통학교의 수업연한 및 입학자격은 소학교·중학교·고등여학교와 맞추도록 하였다.

보통교육에 있어 보통학교 수업연한을 6년(5년 또는 4년으로 단축 가능), 입학자격을 6세 이상으로 변경하고, 고등과(수업연한 2년), 보습과 설치 가능하도록 하였다. 고등보통학교 수업연한은 5년, 입학자격을 수업연한 6년인 보통학교를 졸업한 12세 이상의 남자로 하였다. 보습과 설치 가능하다. 여자고등보통학교는 수업연한을 5년 또는 4년(지방 실정에 따라 3년으로 단축 가능), 입학자격을 수업연한 6년인 보통학교를 졸업한 12세 이상의 여자(수업연한 3년인 여자고등보통학교의 입학자격은 보통학교 고등과를 졸업한 자)로 하였다.

실업교육에 관해서는 「실업학교령」, 전문교육에 관해서는 「전문학교령」을 따르도록 하며, 대학교육 및 그 예비교육의 규정이 새로 추가되어 「대학령」이 마련되었으며, 사범교육·사범학교 규정도 새로 추가되었다.

한편, 1923년 '조선민립대학기성회'가 결성되어 민립대학설립운동(民立大學設立運動)을 통해 일제의 식민지 우민화 교육에 맞서 민족대학 설립을 목표로 하는 모금운동을 펼치기도 하였으나, 결국 방해와 탄압으로 실패하였다. 일본은 어떠한 상황에서도 법적·제도적 근거를 마련해 두는 국가적 특성이 있는바, 당시에도 「교육칙어」와 「제2차 조선교육령」, 「대학령」에 기반하여 한국인이 주도하는 대학은 설립할 수 없도록 하는 명분을 갖고 있었다.

4. 제3차 조선교육령(1938.4.1.~1943.3.31.): 황국신민화 교육 강화

일본은 「제2차 조선교육령」을 전부 개정하여 「제3차 교육령(第三次朝鮮教育令, 昭和13年勅令第103号)」)을 1938년(쇼와 13년) 3월 4일 공포하고, 같은 해 4월 1일 시행하였다.

보통교육에 있어 「소학교령」, 「중학교령」, 「고등여학교령」을 따르도록 하고, 보통교육을 실시하는 학교를 소학교·중학교·고등여학교만으로 하였으며, 보통학교·고등보통학교·여자고등보통학교의 명칭을 폐지(제2조 제1항)하였다. 다만 조선총독이 특수한 사정에 의하여 달리 정할 수 있다(제2조 제2항)고 하였다.

이 시기는 황국신민으로 만들기 위해 각급 학교에서 일본어·일본역사 등의 교과를 강화하는 반면 조선어(한국어)를 선택과목으로 약화시킴으로써 황국신민화교육을 강화하였으며, 1940년대부터는 전체주의의 이념과 군국주의 체제하에 총력전시체제화 교육이 강조된 정책이 한반도에도 그대로 적용되었다. 황민화교육정책이 강행되는 과정에서 구국계몽을 자체적으로 실현하고자 한 사립학교들은 여러 가지 방법으로 일제의 교육정책에 맞서 나름대로 민족주의에 입각한 교육을 실시해왔으나, 당시 일제가 민족교육을 실시하는 사립학교에 대해 가한 탄압책은 다음과 같이 구체화되었다.5)

(1) **사립학교의 개폐**: 조선총독부는 사립학교의 교육목적과 내용을 변경하도록 하고, 민족주의 색채가 강한 사립학교는 공립학교로 개편토록 하였다. 이같은 조치에 따라 조선총독부는 남궁억이 설립 운영하던 모곡학교를 공립학교로 개편하고, 조선어학회사건(1942)으로 학교장이 검거된 경상북도 김천중학교를 공립으로 개편하였으며, 보성·연희·이화·숙명 등의 사립전문학교가 개편되었다.

(2) **한국인 교원의 축출과 일본인의 지도권 장악**: 조선총독부는 사립학교의 한국인 교장을 축출하고 대신 일본인 교장을 두거나 일본인을 교두로 삼게 하여 이들 일본인이 학교의 실권을 잡고 학교를 그들의 구미에 맞는 방향으로 운영하도록 하였다. 그리고 문교당국은 일본인 시학관을 수시로 사립학교에 파견하여 사립학교의 교육내용과 교육활동을 감독하였다. 이같은 조치에 따라 조선총독부는 연희전문학교에 일본인 교장을 파견하고, 이화여자전문학교에 일본인 교두를 파견하였으며, 오산중학교에도 일본인 교장을 파견하였다. 특히 조선총독부는 한·일공학원칙을 명분으로 하여 신설되는 사립학교에는 반드시 일본인 교장을 두도록 하였다.

(3) **교명 변경과 사립학교의 설립 불허**: 조선총독부는 특정 사립학

---

5) 국사편찬위원회, 『신편 한국사』, "민족문화의 수호와 발전", 2002, pp. 53-54.

교에 대해 민족적 색채가 농후하다는 이유를 붙여 교명을 바꾸도록 하였다. 그리하여 대구의 信明학교는 南山으로 교명을 바꾸고, 원산의 루씨여자고등보통학교가 항도고등여학교로 개명되었다. 그리고 사립학교의 설립을 원칙적으로 불허하였다,

(4) **재단법인 조직 강요**: 조선총독부는 모든 사립학교에 대하여 단기간 내에 재단법인을 조직할 것을 명하고, 이에 응하지 않는 학교는 폐쇄한다고 위협하였다. 이는 사립학교의 충실을 도모하기 위해서가 아니라 미션계 사립학교와 민족주의적 사립학교를 통제하려는 데 그 의도가 있었다.

(5) **신사참배 강요**: 조선총독부는 선교계 학교에 대해서도 신사참배를 강요하고, 이에 응하지 아니하는 학교를 강력히 응징하였다. 이 결과 신사참배를 거부했다는 이유로, 숭실전문학교·숭실중학교·숭의고등여학교·신성학교·보성여학교·계성학교·신명여학교·명신학교·신흥학교 등 장로교 계통의 선교학교들이 폐교되었다.

구체적 사례를 보면, 1906년 5월 17일 마산포교회(문창교회)의 독서숙에서 시작해 1909년 8월 19일 대한제국의 인가를 받은 경남 마산지역의 대표적인 근대교육 기관이었던 창신학교도 1939년 7월 14일 일제의 식민지적 교육지배에 맞서다가 끝내 극복하지 못하고 문을 닫고 말았다. 문창교회를 중심으로 이승규, 이상소, 손덕우 등 지역 인사, 호주 선교부가 학교 설립을 주도했었으며, 이 학교의 설

립 목적은 국권 회복을 위한 민족교육에 있었다. 이에 일제는 「사립학교령」과 「사립학교규칙」 개정 등으로 성경·지리·역사 과목을 못 가르치게 했고, 일본인 교사의 채용·과도한 교육시설의 보강 등을 요구하면서 창신학교의 민족교육을 통제했다. 이런 일제의 식민지적 교육정책으로 창신학교 운영은 불가능한 상황이 되었고, 민족교육도 구현할 수 없는 정도가 되었다. 특히 1930년대 이후에는 신사참배뿐만 아니라 동방요배, 일장기 경례, 교육칙어 암송 등을 계속해서 강요하자, 종교와 민족 문제가 한계점에 도달하여 창신학교는 학교교육을 포기하고 폐교로 맞섰다.[6]

5. 맺음말

일제강점기(1910~1945) 일본은 한반도 지역의 교육을 통제하고 식민 통치의 도구로 활용하기 위해 「조선교육령」을 시행하였다. 당시의 교육법제는 한국 교육의 여러 측면에 직·간접적인 영향을 미쳐왔으며, 이러한 역사적 경험은 현재 교육정책을 재검토하고 개편해 나가는 데 중요한 시사점을 제공한다. 중앙집권적 교육 시스템, 입시 경쟁, 실용 교육의 강조, 역사 교육의 중요성 등은 모두 일제

---

6) 송성안, 「일제강점기 창신학교의 민족교육과 폐교」, 『인문논총』, 40권 (2016.06), pp.131-162, 경남대학교 인문과학연구소.

강점기 교육의 잔재와 관련이 있다. 따라서 우리는 과거의 부정적 영향을 올바르게 이해하고 이를 극복하는 노력을 지속할 필요가 있다. 특히, 과거의 억압적 교육정책이 현재의 교육체제에 남긴 영향들을 분석하고 개선하는 것도 중요하다.

교육은 국가의 백년지대계(百年之大計)라고 한다. 교육제도는 앞으로의 100년을 바라보고 그 계획을 탄탄하게 세울 필요가 있는 것이다. 치욕의 역사를 잊지 않고, 해방 이후 80여 년간 한반도 지역에 남아있는 일제의 흔적을 반면교사 삼아 보다 창의적이며 학생 중심적인 교육체제 구축 등 미래 지향적인 교육법제 마련을 위해 힘써야 할 것이다.

근대 상업도시 강경 최초의 근대 학교, 한남학당의 교육과 운영*

- 일본 외무성 외교 사료관 소장 자료의 분석을 중심으로 -

황 운

1. 들어가며

개화기 한국의 근대적 학교는 관공립과 사립으로 구분되며, 사립
학교는 다시 민족계 사학과 서양 선교사가 설립한 미션계 사학으
로 나뉜다. 한국 최초의 관공립 일어학교는 1891년 설립된 일어학
당1)으로, 재한 일본 공사의 권고로 설립되었으며, 초대 교장과 교

---

* 이 글은 황운「개화기 한남학당의 교육과 운영-일본 외무성 외교 사료관 소장 자료
의 분석을 중심으로-」『일본어문학』제103집(일본어문학회, 2023), pp.177~191.
를 대폭 수정, 가필한 것이다.

1) 한국 정부가 일본인 교사 오카쿠라 요시사부로(岡倉由三郎, 1868~1936)를 초빙
하여 한성에 세운 교육기관이다. 일어학당은 1894년에 관립 일본어학교로 개칭,

사 역시 일본인이 맡았다. 한국 최초의 관공립 근대 교육기관으로 평가되는 일어학당의 설립과 교육에 있어 일본의 역할이 두드러졌으며, 개화기에는 일본인이 설립하거나 일본 민간단체가 운영한 사립학교도 상당수 존재했다. 이는 한국 근대 교육에서 일본의 개입이 결코 미미하지 않았음을 시사한다.

기존 연구에서는 일본인이 설립한 근대학교를 주로 식민지 교육으로의 이행 과정에서 논의하며 부정적으로 평가해왔다. 그러나 한국 정부 또한 근대 교육을 적극적으로 지원했다는 점을 고려할 때, 개화기 근대 교육기관의 설립은 일본의 제국주의적 정책뿐만 아니라 한국 사회의 근대 교육에 대한 열망이 반영된 결과로 볼 수 있다. 따라서 일본의 개입을 단순히 제국주의적 정책으로만 해석하는 기존의 관점에서 벗어나, 근대학교에서 이루어진 교육 실태를 면밀히 분석하는 것이 필수적일 것이다.

이에 본고에서는 일본 외무성 외교 사료관 소장 자료 『한국(조선)에 있어서의 학교 관계 잡건(보조금 지출의 건)』[2]의 제2권에 수

1895년 6월 2일에 외국어학교 관제가 공표됨에 따라 관립 일어학교가 되었다.

2) 『한국에 있어서의 학교 관계 잡건』은 1896년부터 1917년까지 일본 외무성에서 보조금을 받고 있던 한국의 학교에서 일본 외무성으로 보낸 보고서 및 외교 전보 등이 실려있는 외무성 기록으로 제1의 갑권, 제1의 을권, 제2권의 총3권으로 이루어져 있다. 제1의 갑권에는 경성학당과 부산 개성학교의 기록을 담고 있으며 제1의 을권에는 관립 인천 일어학교에 대한 기록이 담겨 있다. 제2권에는 광주 실업학교, 한남학당, 호서학당, 군산소학교, 통영일본어학교, 원산 원흥학교, 개성학당의 보조금 하부의 건에 대한 기록과 노지리(野尻) 시학관의 일본과 한국인 교육 및 일본의 보조에 관련한 한국의 일본어 학교 조사 촉탁의 건 및 기독교

록된 「한남학당의 보조금 하부의 건」3)의 분석하여 근대 산업도시 강경 최초의 근대 학교인 한남학당의 운영과 교육을 살펴보고자 한다.

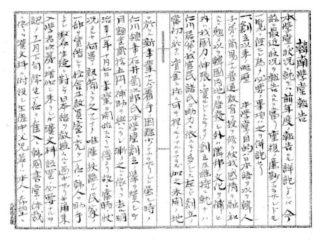

〈그림 1〉 「한남학당의 보조금 하부의 건」의 수록된 보고서의 예4)

학교 관련 기록 등이 수록되어 있다.

3) 「한남학당의 보조금 하부의 건」에는 1898년 10월 3일부터 1905년 3월 20일까지의 기록이 담겨있는데 내용상으로 한남학당의 교장 야쿠시지 지로(薬師寺知曨)가 재인천 영사 및 군산 분관 주임에게 보내는 보고서 및 영수증과 이를 받은 재인천 영사/분관 주임이 일본 외무성에 보조금을 요청하는 상신, 그리고 일본의 외무성에서 보낸 전보로 나눌 수 있다. 「한남학당의 보조금 하부의 건」에는 한남학당의 교육과 운영에 대해 확인할 수 있는 여러 기록들이 있는데, 그 중에서도 특히 한남학당 교장이 직접 작성한 보고서에는 학당의 규칙, 생도의 동향, 교육 내용과 경비 내역에 이르기까지 상세히 기록되어 있다.

4) 「韓南学堂報告」(1903.03.06.)

2. 한남학당의 설립과 운영

한남학당은 한국어학자로 유명한 야쿠시지 지로(藥師寺知曨)에 의해 1898년 충청남도 은진군 강경포[5]에서 시작되었으며, 이는 한국 근대 교육사에서 일본 민간인에 의해 최초로 설립된 사립학교로 평가받고 있다.[6]

1902년 2월 27일 당시 재군산분관주임이었던 쓰치야 구메조(土谷久米藏)에 의해 작성되어 일본 외무성으로 보내진 「기밀 제3호 한남학당 보조금 계속 급여의 건」에는 「한남학당의 현황」(1901.12.31.)이 첨부되어 있다. 이를 통해 한남학당의 연혁을 다음과 같이 확인할 수 있다.

> 1898년 (明治 31) 9월 현재 당주(堂主)가 인천에 있던 일본 관민 유지(有志)들의 도움을 받아 본 학당의 설립에 착수하고, 같은 해 10월 7일 강경(江鏡) 북촌동(北村洞)에서 민가(民家)의 일부를 임차하여 "한남학당"이라 명명하였다. 그리고 한국인 옥룡식(玉龍植)을 조수(助手)로 두어 수업을 시작하였다. ○ 같은 해 12월 21일 부속 한문과(漢文科)를 개설하고, 한국인 임태호(任泰鎬)를 부교사(副敎師)로 채용하여 한문 교육을 담당하게 하였다. ○ 1899년 (明治 32) 1월 이후 순회 방문제를 도입하여, 교사가 직접 인근 지역을 순회하

---

5) 현재 충청남도 논산시 강경읍에 해당

6) 稲葉継雄 「韓南学堂について : 旧韓末「日語学校」の一事」『文藝言語研究』言語篇 10(筑波大学文芸·言語学系、1985), p.79.

면서 양반 및 유지들을 방문하여, 유력자들의 개도(開導)에 힘쓰도록
하였다. ○ 같은 해 3월 교사(校舍)가 협소해지자 뜻이 있는 학부형
들의 주선으로 전(前) 군수 서모(徐某)씨의 저택을 임차하여 학당을
이전하였다. ○ 1900년 (明治 33) 7월부터 동아동문회(東亞同文会)
는 본 학당의 취지에 찬동하여 매월 40엔의 보조금을 지급하였다.
○ 같은 해 7월 1일 학생 서상문(徐相文)을 조수(助手)로 채용하였다.
○ 같은 해 교사(校舍) 신축의 계획을 세우고, 한국 내 일본인들의
의연금(義捐金, 기부금)을 모아 자금을 마련했으며, 11월 15일에 건
축이 완료되어 이전하였다. ○ 1901년 (明治 34) 10월 15일 부교사
임태호(任泰鎬)가 사직함에 따라, 후임으로 이창욱(李昌旭)을 채용하
였다. ○ 같은 해 12월 제1회 졸업시험을 시행하였다.

한남학당은 지역민들의 기부금과 동아동문회의 보조금을 받는 한
편, 일본 외무성으로부터도 도움을 받았는데, 개교 초기의 외무성 기
록7)을 통해 설립자인 야쿠시지 지로가 한남학당 개교 전인 1898년
9월부터 일본 외무성으로부터 매월 25엔의 보조금을 받았음을 확인
할 수 있다. 또한 1899년 4월부터는 학교 확장 및 운영 자금 부족
을 이유로 증액을 요청하여 이후 매월 35엔의 보조금을 지급받게 되
었다.

이처럼 여러 방면에서 재정적인 지원을 받으며 한남학당은 지속
적으로 성장하였고, 그에 따라 학생 수도 꾸준히 증가하였다.

7) 「機密第26号 薬師寺知曨氏江景二於ケル事業補助件」(1898.10.03.)
「機密第5号 薬師寺知曨氏江景二於ケル事業保護ノ件」(1899.03.20.)

<표 1> 한남학당의 연도별 학생 수 변화

연월	1898.10.	1898.12.	1899.09.	1901.12.	1903.03.	1904.03
생도수	6	20명 이상	33	45	48	42

한남학당은 증가하는 생도들을 수용하기 위해 1900년 7월 13일 새로운 교사(校舍)를 신축하기 시작했으며, 같은 해 11월 15일 충청남도 은진군 강경 옥녀봉에 교지(校地) 1,100여 평, 교사(校舍) 22평 5합 규모의 일본식 기와지붕 단층 건물 2동으로 이전하게 된다.[8]

이러한 학생 수 증가와 교사(校舍) 이전을 이유로 외무성에 다시 한 번 보조금의 증액을 요청하여,[9] 1901년 4월부터 매월 60엔으로 지원금이 증가하였다. 이후 학생 수는 더욱 증가해 1901년 12월에는 45명에 달했다고 한다.

경성에 위치한 육영공원(1886년 설립)이나 일어학당(1891년 설립, 1895년 관립일어학교로 개칭) 등과 같은 관공립 학교들은 양반층 학생들의 비율이 높았던 것에 반해 한남학당은 농가(農家)와 상가(商家) 출신 학생들이 대부분을 차지하고 있었다. 조선 후기부터 금강을 이용한 수운(水運) 교통의 거점이자 충청남도의 대표적인 상업 중심지로, 양반보다 상인(商人)과 농민(農民)이 주류를 이

8) 「漢南學堂ノ現況」(1901.12.31.)

9) 「機密第3号 薬師寺知曨氏江景二於ケル事業補助ノ件」(1901.02.28.)

루는 강경의 지역적 특성을 반영하고 있었음을 알 수 있다.

1903년에는 보통과 3명, 소학과 40명, 보습과[10] 5명, 총 48명이 재적하고 있었으며, 이와 별도로 특별과에는 2명의 일본인 학생도 있었다.[11]

다음해인 1904년의 생도수는 보통과 17명, 소학과 25명으로 총 42명의 한국인 생도와 일본인 6명으로 확인된다. 한국인 42명 중 2명은 양반 및 관리의 자제였으며, 상가의 자제 25명, 농가의 자제 14명, 기타 1명으로 구성되어 있었는데, 이들 중 8명은 타 지역에서 유학을 온 학생들이었다고 한다.

논산 지역에 최초로 정착한 일본인은 1899년 8월에 강경에 이주하여 잡화점을 운영했던 오카야마현(岡山県) 출신의 미야케 스에지로(三宅末次郎)이며, 이후 1906년에 논산에 정착한 일본인은 33명으로 늘었다고 한다.[12] 1904년 한남학당에 재학 중인 일본인의 수가 6명이라는 점에서 보아 당시 일본인 자제들을 위한 학교로는 한남학당이 유일했을 것으로 추측해 볼 수 있다.

한남학당은 강경 지역뿐만 아니라 근대 교육을 받고자 했던 타 지역 학생들에게도 중요한 교육 기관으로 자리 잡았던 것으로 보

---

10) 졸업생 중 기학습한 과목 및 다른 희망 과목을 배우기를 원하는 생도들을 위해 운영되었다고 한다.

11) 「韓南学堂報告」(1903.03.06.) 앞의 자료

12) 위의 자료

인다. 또한 1905년 12월에는 한남학당 분교로 노성논산 충인학교
가 개설되었는데, 이러한 사실들을 통해 한남학당은 강경 지역 근
대 교육의 선구적 역할을 하였다고 평가할 수 있다.

3. 한남학당의 교육

한남학당은 지방의 한국인 자제들에게 일본어와 실생활에 필요
한 보통학(普通学, 기초 학문)을 교육하는 동시에, 학부형과 지역
유력자들을 계몽하고 교화하는 것을 주요 설립 목적으로 하고 있
었다.13) 또한, 일본어 교육을 통해 보통학을 가르침으로써 학생들
이 독립자영(獨立自營)의 중요성을 깨닫고, 직업에 필요한 지식을
함양하는 것을 교육 방침으로 한다고 기록되어 있다.14)

이러한 교육 목표와 방침 아래 진행된 한남학당의 실제 교육 과
정은 어떻게 구성되었으며, 구체적으로 어떤 내용을 포함하고 있었
는지 그 구체적인 실상을 살펴보고자 한다.

3-1. 1899년 한남학당의 교과 과정

개교한 이듬해인 1899년 한남학당은 본과(本科) 3년제, 소학과

---

13) 「韓南学堂ノ事業拡張関シ具申」(1899.09.18.)

14) 「漢南學堂ノ現況」(1901.12.31.) 앞의 자료

(小學科) 5년제로 운영되었다. 당시 본과와 소학과의 재학생은 모두 1학년뿐이었지만 2학년 이상의 교육 과정도 이미 편성되어 있었다.

저학년 과정에서는 일본어 관련 과목이 대부분을 차지하고 있으며, 본과 2학년과 소학과 3학년부터 보통학 관련 과목이 추가되는 구조를 띠고 있었다. 이는 한남학당의 궁극적인 목표가 보통학의 습득에 있었으나, 입학 초기부터 일본어를 통한 보통학 수업이 현실적으로 어려웠기 때문에 먼저 일본어 교육에 집중할 수밖에 없었음을 시사한다.

〈표 2〉 1899년 한남학당의 교육 과정 및 내용[15]

학과	학년	과목
본과	1	修身 讀書書取 作文 會話 算術 講話 体操
	2	修身 讀書書取 作文 會話 算術 地理 歷史 理科 講話 体操
	3	上同
소학과	1	修身 讀書書取 作文 習字 會話 算術 講話 体操
	2	上同
	3	修身 讀書書取 作文 習字 會話 算術 地理 歷史 理科 講話 体操
	4	上同
	5	上同

15) 稲葉継雄「韓南学堂について : 旧韓末「日語学校」の一事」앞의 논문. pp.90-91.

3-2. 1901년 한남학당의 교과 과정

한남학당의 교육 과정은 1901년에 개편되었다. 기존의 본과는 보통과로 명칭이 변경되었으며, 5년제였던 소학과는 보통과의 예비 과정으로 개편되어 수업 연한이 3년으로 단축되었다.

개편된 교과 과정에 의해 종래 5년제 소학과에서 교수되었던 작문과 지리, 역사, 이과는 보통과에서만 교육이 실시되었다. 개교 초기에는 각 과의 저학년에서 일본어를 학습한 후 보통학 교육이 이루어졌으나, 1901년부터는 예비과로 존재했던 소학과에서 일본어를 학습한 후, 보통과에서 입학한 후 보통학의 교육이 이루어진 것을 알 수 있다.

이러한 개편의 주요 목적은 보통학을 효과적으로 교육하기 위해, 일정 수준 이상의 일본어 능력을 갖춘 후 본격적인 보통학 교육을 실시하는 체계를 확립하는 것이었다고 보인다.

한편 부교사가 담당하는 부속 한문과가 수업 전후에 운영되어 소학과 생도들이 겸수(兼修)했는데, 한국 서당의 습관으로 이른 아침에 시작하여 일몰에 이르기까지 때에 따라서는 한밤중에 이르는 일도 있었다고 한다.

학과	학년	과목 및 주당 (수업) 시수
보통과	1	修身(1) 讀書(4) 算術(3) 地理(1) 歷史(1) 理科(1) 會話(4) 作文(2) 体操(1)
	2	上同
	3	上同
소학과	1	修身(1) 讀書(6) 會話(6) 算術(2) 体操(3)
	2	上同
	3	上同

3-3. 1903년 이후 한남학당의 교과 과정

1903년 3월 6일에 작성된 「韓南学堂報告」에 따르면, 한남학당의 교육 과정은 보통과, 소학과의 정규 과정(正科) 외에도 보습과(補習科), 한문과(漢文科), 특별과(特別科)로 세분화되었으며, 1901년부터 보통과에서만 교수되던 작문 과목이 소학과에서도 가르쳐지기 시작하였다. 또한 보통과에서는 보다 실용적이고 전문적인 학문이 추가되었다.

1904년 보고서[17)에는 여전히 보통과(3년제), 소학과(3년제), 부속 한문과가 운영되고 있었으며, 일본어 교육의 효과가 점차 나타

---

16) 「漢南學堂ノ現況」(1901.12.31.) 앞의 자료
17) 「韓南学堂補助金継続ニ係ル稟申」(1904.03.28.)

나 개교 이후 일상적인 일본어 대화(日常講談)가 가능할 정도의 학생이 십여 명에 이르렀다고 기록되어 있다.

위의 교육 과정 변화를 살펴보면, 한남학당은 개교 초기에는 본과와 소학과에서 일본어 교육을 실시한 후 점진적으로 보통학 교육을 확대하는 방침을 따랐다. 그러나 일본어에 익숙하지 않은 학생들이 많아, 초기 교육 성과는 학교 운영진의 기대에 미치지 못했던 것으로 보인다.

이러한 현실을 반영하여, 1901년부터 소학과를 일본어 집중 교육 기관으로 개편하고, 보통과에서 보다 실용적이고 전문적인 교육을 실시하는 방향으로 전환하였다. 이는 일본어를 통한 보통학 습득이라는 교육 목표를 달성하기 위해, 일본어 교육을 우선적으로 강화할 필요가 있다는 인식에서 비롯된 조치라고 할 수 있다.

결과적으로, 한남학당은 개교 이래 일본어 교육을 기반으로 한 보통학 습득이라는 교육 방침을 일관되게 유지하면서도, 시대적 변화와 학생들의 학습 수준을 고려하여 교육 과정을 점진적으로 개편해 나갔다.

4. 마치며

한남학당은 일본 민간인이 설립한 최초의 사립학교이자 논산 지역 최초의 근대식 교육기관으로, 지역 사회에서 근대식 교육을 실천한 대표적 사례로 평가할 수 있다.

강경은 조선 후기부터 상업이 발달한 교통의 중심지였으며, 개항 이후 일본인들의 경제적·사회적 활동이 활발했던 지역이다. 이러한 지역적 특성은 한남학당의 운영과 교육에도 영향을 미쳤다. 한남학당의 학생들은 주로 농가와 상가의 자제들이었으며, 지역 내 일본인 학생들도 함께 교육을 받았다.

한남학당의 교육 목표는 일본어를 기반으로 한 보통학 교육이었다. 이를 통해 학생들은 실용적 학문을 익히고 직업적 지식을 함양하여 사회적 자립을 이루는 것을 궁극적인 목표로 삼았다. 개교 이후 교육 과정은 점진적인 개편을 거쳐 발전하였으며, 1903년 이후에는 더욱 체계적인 교육 시스템을 도입했다. 기존의 기초적인 일본어 교육에서 나아가 실용적이고 전문적인 학문을 가르치는 방향으로 변화했으며, 이는 일본어 기반 보통학 교육이라는 목표를 보다 효과적으로 실현하기 위한 조치였다.

한남학당은 개교 초기부터 일본 외무성과 일본 민간 단체인 동아동문회의 보조금을 지원받았으며, 이는 한남학당의 교육 활동이 단순한 민간 차원의 시도가 아니라 일본 정부의 정책 기조와 일정 부분 연계되어 있었음을 시사한다. 그러나 이를 단순히 식민지 지배를 위한 사전 포석으로만 해석해서는 안 될 것이다. 한남학당은 지역 사회의 지지를 받으며 운영되었고, 한국인 학부형과 지역 유지들의 기부를 통해 재정적 안정을 도모했기 때문이다. 따라서 한남학당에 대해 일본 제국주의 교육 정책의 일환으로만 규정하는 것은 한계가 있으며, 당시 한국 사회가 근대 교육을 향한 열망을 가졌다는 점 또한 중요한 요소로 고려해야 할 것이다.

일제 강점기 대전과 충남의 학교

-지방지에 수록된 교육령과 교육기관-

김 학 순

1. 일제 강점기 근대 교육과 지방지

한국 교육의 근대화는 1894년 갑오개혁에서 과거 제도를 폐지하고 새로운 인재 등용 제도를 시행하며 출발하게 되었다. 교육과 학무를 담당한 학무아문을 설치하여 근대적인 학교 체제를 정립하고 교과서를 편찬했다. 이듬해 고종이 소학교령을 공포하여 "아동의 신체 발달에 맞추어 국민 교육의 기초와 그 생활상에 필요한 보통 지식 및 기능을 기르는 것"을 목표로 했다. 학교의 종류는 국가에서 관리한 관립, 부와 군에서 관리한 공립, 개인이 운영한 사립으로 분류했다. 1899년 공포된 중학교 관제로 중학교 교육의 근대화가 진행되었다. "실업에 나아가려는 사람에게 정덕(正德)·이용(利用)·후생(厚生)의 길을 가르치고 중등교육을 보급"하려는 목적이었다.

1905년 을사늑약으로 외교권이 박탈되고 내정을 장악하게 되자, 일제는 소학교령을 폐지하고 1907년 보통학교령을 시행했다. 그 결과 학교 교육과 제도를 일제가 통제하게 되었다. 일제 강점기인 1911년 충량한 국민 육성이라는 명목으로 제1차 조선교육령을 공포하여 식민지 지배에 부합하는 인재를 양성하고자 했다. 이후 3·1운동의 영향으로 인한 제2차 교육령(1922년), 일본에 충성하는 국민양성을 목적으로 제3차 교육령(1938년), 태평양 전쟁과 일왕 참배를 목표로 제4차 교육령(1943년)이 제정되어 일본에 의한 식민지 교육 정책이 해방 전까지 지속되었다.

이 글에서는 식민지시기 초중반, 지방지에 수록된 교육령, 대전과 충남의 초등 및 중등교육을 담당했던 학교를 중심으로 살펴보고자 한다. 구체적으로는 대전과 충남을 배경으로 재조일본인이 집필한 『조선대전발전지(朝鮮大田発展誌)』(다나카 이치노스케〈田中市之助〉, 1917년)와 『충청남도발전사(忠清南道発展史)』(호남일보사〈湖南日報社〉, 1932년)의 학교 및 교육과 관련된 내용을 중심으로 고찰하고자 한다. 『조선대전발전지』와 『충청남도발전사』는 식민지 지배의 정당성 확보와 재조일본인들의 연대 의식 고취, 자신들의 업적에 관한 자화자찬을 목적으로 일본어로 집필된 지방지 성격의 서적이다. 일제 강점기 간행된 지방지들은 대부분 정치적인 의도가 숨어 있다고 볼 수 있다.

『조선대전발전지』와 『충청남도발전사』는 자료적인 측면으로 보면 지역사 연구 자료로서 중요한 가치를 지니고 있다. 하지만 당시 다른 지방지처럼 식민 지배에 관한 정당성 확보와 우월한 인식을 드러내는 기술이 분명히 존재한다. 한편 『충청남도발전사』의 경우는 일제 강점기 시기, 대전, 강경, 논산, 조치원 이외의 충남 지역을 기록한 유일한 자료이기도 하다. 한국어로 번역된 『충청남도발전사』 서문에는 "재조일본인은 식민지 조선을 지배하는 민족이라는 점과 식민지 조선에서 지역민으로 살아가는 이중적인 성격을 갖고 있었다. 따라서 재조일본인들은 지역사회의 지배민족으로서 자신들의 정체성을 확인하고 조선인에 대한 배제의 담론을 형성하기 위해 지방지를 편찬했다"[1]고 지적하며 조선에 거주했던 재조일본인들의 이중적인 성격과 지방지 편찬의 목적을 서술했다.

이러한 점은 일제 강점기 시기 편찬된 지방지가 가진 태생적인 한계인 동시에 연구 대상으로 소외되어 온 이유이기도 하다. 하지만 지방지에 기록된 대전과 충남의 학교들은 대부분 현재까지 이어져 오며 지역의 중추적인 교육을 담당하고 있다. 그 출발점이 일제 강점기라는 역사적인 사실은 부정할 수 없다. 그러한 연유로 일제 강점기 지방지에 수록된 교육령과 대전 및 충남의 학교에 관한 기록은 지방

---

1) 이성우 「충청남도발전사의 편찬과 호남일보사의 역할」 『국역① 충청남도발전사』(대전광역시 시사편찬위원회, 2021), p.7.

사와 교육사 연구의 기초 자료로서 가치가 있다.

2. 『조선대전발전지』에 수록된 대전의 학교

『조선대전발전지』 제 4장에서는 대전의 교육과 관련된 구체적인 내용을 수록했다. 「제 4장 교육 · 신사 · 종교 및 신문」〈제 1절 교육〉의 구체적인 내용을 살펴보면, 중학교, 소학교, 대전소학교의 교가, 여자고등교육, 유치원, 일요학교, 대전교육회, 보통학교, 농업실습, 목공과, 산업전습소, 서당, 농공업교육에 관한 설명이다. 먼저 소학교에 관한 내용은 다음과 같다.

> 1906년 4월 대전소학교로 개교하여 1908년 12월 대전거류민회립 심상고등소학교로 개칭했다. 다시 1912년 4월에 대전심상고등소학교라고 고치고, 1914년 4월부터 고등과, 여자보습과를 함께 병설했다. 개교 당시 17명이었던 입학 학생 수는 대전의 발전에 따라 매년 취학생 수가 증가하여 1917년 4월 말에는 568명으로 늘었다.(중략) 지난 1906년 개교 이래 입학생은 매년 증가하는 추세를 보여 교육과 시세 발달의 상황을 확인할 수 있다.[2]

대전 발전과 함께 입학생 수가 현저히 증가했음을 알 수 있다. 당

---

2) 대전광역시(시사편찬위원회) 『국역 조선대전발전지』(대전광역시 시사편찬위원회, 2020), p.75.

시 중학교는 경성과 부산 두 곳만으로 대전에 거주했던 재조일본인들은 중학교 설치 운동에 매진했다. 가장 큰 이유로는 소학교 교육후, 중학교로 입학하고자 경성과 부산의 학교로 가거나 일본 본국으로 가는 것이 쉽지 않았기 때문이다. 당시 대전을 포함한 대구, 군산, 이리 등이 중학교 설치 운동에 착수했으나, 결국 1917년 경성중학교 대전분교로 대전이 결정되었다. 『조선대전발전지』 「중학교 설치 문제」[3] 부분을 살펴보면, 대전에 중학교를 개교하게 된 이유를 대구에 연대를 설치한 것에 대한 보상으로 보았다. 한편 대전중학교 설치는 당시 오하라 신조(小原新三)[4] 충남도장관의 업적으로 향후 대전의 기초를 닦은 영원히 기념할 업적으로 평가했다. 다음은 대전중학교에 관한 내용이다.

> 1917년부터 대전중학교 설치 계획이 있었으나 제37회 의회가 해산되어 독립 중학교로서 설치하는 것은 어려워졌다. 1917년 4월 1일부터 경성중학교 대전분교실로서 개교하게 되었다. 1918년에(제38회 의회에서 예산이 통과되지 않았다) 이르러 대전중학교로서 독립된 대전부사(富士)의 산기슭 높고 메마른 부지에 규모가 큰 교사를

---

3) 『국역 조선대전발전지』, pp.157-159.
4) 오하라 신조(1873~1953)는 조선총독부 내무부 지방국장, 충청남도 도장관, 조선총독부 상공국장, 와카야마현(和歌山県) 지사, 니가타현(新潟県) 지사를 지냈다. 1913년 조선 13도의 행정구역 개편을 주도했다. 충남도장관 재직 시, 미풍양속 보호 및 유지, 지방 개량을 목적으로 향약에 기반한 진흥회를 조직하여 마을들의 향약제도를 유지시켰다.

건축하게 되었다. 제1회 1학년 입학생은 50명을 수용하여 대전소학교 신축 분교실을 임시건물로 사용했다. 현재 대전중학교 분교실의 직원 수는 주임교유(主任敎諭) 세키모토 고타로(関本幸太郎)씨 외 교사 2명, 사무원 1명이다.[5]

〈그림 1〉 대전공립보통학교(『조선대전발전지』)

대전중학교는 대부분 입학생이 일본인이었고 이후에도 조선인 출신 입학자는 많지 않았다. 한편 일본인들의 고등교육을 위한 대전중학교와는 달리 다수 조선인을 교육할 목적으로 대전공립보통학교를 설치했다. 하지만 "조선 개발을 위해 가장 지대한 관계를 가지고 건

---

5) 『국역 조선대전발전지』, p.75.

전한 식국민을 양성하는 중요한 학교이다. 1911년 9월 창립되어 조선인 남자만 입학시키고 개교했다. 1915년 4월부터 여자부를 증설하여 대전지방법원지청 자리를 교사로 사용했다"[6]는 취지에서 일제를 위한 학교와 제도였다는 것을 알 수 있다. 결국 일제 식민지 지배에 도움을 주는 국민 양성과 조선 개발을 위한 인력 교육에만 중점을 두었다. 이처럼 대전역 설치 이후, 대전에는 일본인이 대거 거주하게 되면서 초등과 중등학교가 설립되었으나, 중등교육 혜택은 대부분 일본인에게만 주어졌다.

3. 『충청남도발전사』에 수록된 교육령

『충청남도발전사』「제 5장 충청남도 교육」의 〈충청남도 교육의 회고〉에서는 1906년 일본 통감부에 의한 교육방침부터 수록했다. 통감부 서기관인 다와라 마고이치(俵孫一)가 한국학부의 학정참여관방으로 교육행정을 맡게 되어 교육쇄신안을 공포했다. 그 내용은 다음과 같다.[7]

---

6) 『국역 조선대전발전지』, p.79.
7) 대전광역시(시사편찬위원회) 『국역② 충청남도발전사』(대전광역시 시사편찬위원회, 2022), p.40.

1. 한일의정서 취지에 따라 교육 개선을 할 것
2. 한국민에게 선량화평한 국민성을 함양할 것
3. 일본어를 보급할 것
4. 기존의 유교를 파괴하지 않고서도 신지식을 일반에게 개발할 것
5. 학제는 번거로움을 피하고 과정은 간단하게 할 것

이와 같은 교육령 시행으로 1906년 충남 공주, 이듬해에는 홍주, 온양, 강경에 3개 보통학교를 설립했다. 이 시기는 본격적인 일제 강점기로 들어가기 전으로 일제는 기존 조선에서 교육해 왔던 유교적 전통을 유지하며 새로운 국민성 고취에 힘을 기울였다. 하지만 일제에 의한 국권 침탈 후 공포된 조선교육령은 일본인을 교육의 중심에 둔 제도로 조선인들을 주변인으로 전락시켰다.

1911년 제1차 조선교육령을 공포하여 교육을 보통교육, 실업교육, 전문교육으로 분류하였고 충청남도에는 초등학교 외에 실업학교로서 공주농업학교가 설립되었다. 그 내용 중, "강제병합 전에는 관리나 유생의 자제만이 입학이 가능했으나, 조선교육령은 일반 서민도 교육을 받을 수 있도록 했다. 보통학교의 경우 강제병합까지는 조선인이 교장으로 일본인이 교감을 하여 보좌하는 제도였다. 그러나 신교육령 실시로 보통학교는 물론 각종 학교의 교장을 일본인으로 고용하게 되었다."[8]는 기록을 통해 일반 서민의 교육 기회 확대와

---

8) 『국역② 충청남도발전사』, p.41.

일제에 의한 본격적인 학교 통제가 시작되었음을 알 수 있다. 한편 3.1운동 후 교육에서 소외되었던 조선인을 위한다는 명분으로 1922년 조선교육령(제2차)을 개정 공포했다. 새로운 교육령을 『충청남도발전사』에서는 다음과 같이 평가했다.

> 그것은 이전의 교육령이 단지 조선인만을 위해 교육제도를 제정한 것이라면 새로운 교육령은 일본인과 조선인의 교육제도를 하나의 교육령으로 통합하고 일본과 온전히 같은 교육주의 및 제도를 채용했다는 것입니다. 즉 조선이라는 지역에 있는 국민은 민족적 이질성을 따지지 않고 동일한 교육을 받게 되었습니다. 그 결과 초등교육에서 전문교육에 이르기까지 각종 학교는 입학 자격, 수업연한, 학과 및 그 과정 등이 모두 두드러지게 높아졌습니다. 만일 완전한 사법교육 제도와 대학 제도 같은 것을 조선에서 일본인도 비로소 받아들이는 기쁜 소식도 있습니다. 유럽과 미국 여러 나라의 식민지에서 기존의 민족에 대해 '본국연장주의'에 의한 교육제도를 수입했다는 것은 저의 견문이 아직 적은 것도 있으나 듣지 못했습니다.[9]

당시 조선 거주 일본인과의 동일한 교육, 대학 제도의 신설, 일본과 같은 교육제도라는 점을 높게 들고 있다. 하지만 실제 교육에서는 일본인들이 대다수를 차지하며 고등교육의 기회는 소수의 조선인에게만 주어졌다. 『충청남도발전사』에서 교육령을 높이 평가하고 있는 것은 궁극적으로는 대전과 충남 거주 일본인들의 학교 설립과 유치

---

9) 『국역② 충청남도발전사』, p.45.

에 관한 성과를 과시하기 위함이었다. 한편 제2차 조선교육령과 제1차 조선교육령과의 차이를 순번을 매겨 기술하며 제2차 교육령이 이전보다 더 조선을 위한 정책임을 강조했다. 그 차이점에 관한 내용은 다음과 같다.[10]

1. 공립소학교는 학교조합에서 설치하고, 공립보통학교는 학교비로 설치할 것.
2. 보통학교 수업연한은 6년을 기준으로 하고 5년이나 4년으로 단축할 수 있지만 이는 학교보급 촉진상 필요해서 나온 것입니다.
3. 일본어 상용자의 학교에는 조선어를 추가할 수 있으며, 일본어를 상용하지 않는 자의 학교는 조선어를 필수로 할 것.
4. 교과목을 달리하는 경우 이는 혹여 일본어 능력이 상이함에 근거하거나 양자 간 풍토, 사상, 습속 등이 같지 않은 관계상 교재가 적절하지 않은 등 필요로 인해 나온 것입니다.
5. 일본어를 상용하지 않는 자에게는 조선 역사를 수업할 것.

일본어 보급을 주목적으로 했던 이전 교육령과 달리, 조선어와 조선 역사 수업을 허가하고 있다. 한편 새로운 교육령 발표로 인한 학교의 존립과 학생 재학의 다양한 법령 기준을 제시하여 충청남도 교육도 그것을 따라 더욱 확장하고 내실을 기해야 함을 지적했다.

---

10) 『국역② 충청남도발전사』, p.46

4. 『충청남도발전사』에 수록된 대전과 충남의 학교

충청남도 교육의 근대적인 양상은 1910년대를 그 시작으로 보고 있다. 미국 여성이자 감리교회 선교사인 사애리시(史愛理施, Mrs Alice H. Sharp)가 1905년 공주에 세운 영명학교가 대표적이다. 민족계 사학의 시초로는 심기섭이 1898년 공주에 세운 공주 사립소학교를 들 수 있다. 사애리시는 유관순 열사를 이화학당으로 추천한 인물로 유명하다. 한편 일제 강점기로 접어들면서 조선 지배를 위한 관료체제를 위해 충남에도 일제가 중심이 된 학교가 추진되었다. 충남은 전국 60교(관립 1교, 공립 59교) 중에서 공주(1906), 강경과 홍주(1907), 온양(1908)의 4곳에 설립되었다.[11] 대전에도 일본인 학교인 대전소학교를 1907년(대전원동초등학교, 1979년 폐교)에 설립하여 1912년 대전심상고등학교로 이름을 바꿨다.[12] 이후 설립된 충남을 대표하는 학교로는 대전중학교(1917), 공주공립고등보통학교(1922), 예산공립농업학교(1922, 공주에서 이전), 강경상업학교(1920, 조선인과 일본인을 공동으로 교육) 등을 들 수 있다.

이와 같은 충남의 학교 교육을 『충청남도발전사』「충청남도 교육의 현재 상황」에서는 "이 교육방침은 더욱 발전해서 보통학교 졸업

---

11) 충청남도교육청 『충남교육사 제1권』(충청남도교육청, 대문사, 2006), p.189.
12) 대전직할시사편찬위원회 『大田市史 제1권』(대전직할시, 대문사, 1992), pp.730-731.

생 지도라고 하는 명목 아래 졸업생에게 실업을 지도하고, 흥업치산의 미풍을 양성해 지역 개발의 중심인물이 되도록 보통학교 졸업생의 교육적 효과를 여실히 기대하고 있다.(중략) 근로주의 실과 교육은 아동 교양상 가장 중요한 교육방침으로 충청남도 교육계에서 이 교육법이 고조되어 실시되어 진전하고 있는 것은 참으로 기쁜 일."[13]로 수록했다. 충남 지역 발전을 위한 인재 양성 교육을 목표로 교육 환경이 나아지고 있음을 평가했다.

『충청남도발전사』에 의하면 1931년 말, 충청남도에 설립된 교육기관은 다음과 같다.[14] 먼저 초등 교육기관인 공립소학교 중, 공립심상소학교는 14개교로 총 교원 수는 29명, 총 학생 수는 242명이다. 공립보통학교는 공주군에 13개교, 연기군에 5개교, 대전군에 8개교, 논산군에 9개교, 서천군에 9개교 등, 총 131개교이다. 사립보통학교는 한 곳으로 공주군 공주면의 영명여자보통학교로 총 교원 수는 6명, 총 학생 수는 109명이고 교장은 김근배이다.

중등 교육기관으로는 공립중학교, 공립고등보통학교, 공립고등여학교가 대전과 공주에 설립되었다. 공립중학교는 1918년, 대전군 대전읍에 설립된 대전공립중학교로 총 직원수는 24명(전원 일본인), 총 학생수(1학년-5학년)는 404명(일본인 367명, 조선인 37명)이다. 공립고등보통학교는 1922년, 공주군 공주읍에 설립된 공주공립고등보

---

13) 『국역② 충청남도발전사』, p.52.
14) 『국역② 충청남도발전사』, pp.53-68.

통학교로 총 직원 수는 21명, 총 학생 순는 324명(일본인 319명, 조선인 5명)이다. 공립고등여학교는 대전공립고등여학교(1921년/총 직원 수 13명, 학생 수는 일본인 231명, 조선인 10명), 공주공립고등여학교(1928년/총 직원수 11명, 학생 수는 일본인 123명, 조선인 41명)의 두 곳이다.

〈그림 2〉 대전공립여학교(『충청남도발전사』)

실업교육을 담당한 공립실업학교는 1910년 예산군 예산면에 설립된 충청남도공립농업학교(총 직원수 13명, 학생 수는 일본인 7명,

조선인 123명), 1920년 논산군 강경읍에 설립된 강경공립상업학교 (총 직원수 12명, 학생수는 일본인 105명, 조선인 132명)의 두 곳이다. 공립실업보습학교(수업연한 2년)는 조치원공립농업보습학교, 부여공립농업보습학교, 서산공립농업보습학교, 해미공립농업보습학교, 면천공립농업보습학교, 신창공립농업보습학교, 천안공립농잠보습학교, 조치원공립실과여학교, 대전공립상업보습학교, 홍성공립공업전수학교로 총 10개교이다. 사립 일반학교는 사립화림농사실습학교, 사립보인학교, 사립광명학교로 총 3개교이다. 사립종교학교는 사립영명학교, 사립영명여학교, 사립만동여학교, 사립신도학교, 사립신성학교로 총 5개교이다.

　한편 조선인들이 보통학교를 졸업한 후 중등학교에 진학하기는 쉽지 않았다. 충남 지역의 중등교육을 담당한 학교는 실업학교를 제외하면 총 3곳으로 대전중학교와 대전고등여학교, 공주공립고등보통학교이다. 이 중에서 유일하게 공주공보만이 충남에서는 유일한 조선인을 위한 고등보통학교였다. 그러한 이유로 대전 및 충남의 조선인 학생들은 중등학교에 진학하기 위해서는 소수의 조선인 입학을 허용하는 일본인 학교에 입학하거나 경성이나 공주 등의 다른 지역으로 큰 비용을 들여 유학을 가야만 했다.15)

　이처럼 중등 교육기관이 대전과 공주에 설립되었지만, 재학생 수

---

15) 양승연 『日帝下 大田地域의 私立敎育機關 設立運動』(충남대학교 교육대학원 석사논문, 2008), pp16-17.

를 보면 알 수 있듯이 궁극적으로는 재조일본인을 위한 학교였다. 물론 소수의 조선인이 입학하였으나 그 비율은 10퍼센트 정도에 불과했다. 그와는 반대로 실업교육을 담당한 학교는 조선인이 높은 비율을 차지하고 있다. 조선 개발을 위한 기술자 양성과 식민지 지배에 적합한 인재 양성을 위한 학교 설치로 대전과 충남뿐만 아니라 전국에 설립된 실업 교육기관의 공통적인 목적이었을 것이다.

『조선대전발전지』와 『충청남도발전사』는 재조일본인들이 조선에서의 성공과 업적을 수록한 집단의 기록이다. 하지만 지배자로서의 우월성, 일제와 전쟁에 대한 협조, 조선인들의 부재라는 이데올로기적인 문제로 역사적 자료로서의 가치가 폄하된 면도 있다. 이 글에서는 역사적으로 이중적인 성격을 지닌 지방지 자료를 가능한 객관적으로 분석하여 일제 강점기 시기의 대전과 충남에 설립된 교육기관과 그와 관련된 교육령의 양상을 살펴보고자 했다.

전라도 지역

- ◆ 표세만
- ◆ 이충호
- ◆ 이현진
- ◆ 안지영
- ◆ 김명주
- ◆ 김지영

군산 출신 일본인의 학교 추억

-월명회 잡지 『군산의 추억(群山の思い出)』을 중심으로-

표 세 만

1. 동창회 잡지 『군산의 추억(思い出)』

일제 강점기 군산 재주(在住) 일본인들의 실질적인 일상은 어떠한 것이었을까? 이 문제는 군산만이 아니라 재조 일본인 연구에서 가장 큰 문제 틀 중 하나일 것이다. 피지배 한국인의 관점에서 보면, 지배층 일본인이란 별반 크게 차이가 나지는 않는다. 그러나 그들의 일상을 꼼꼼하게 살펴보면 다양한 스펙트럼이 나타난다.

마치 그리스 도시국가인 "폴리스적 생활"(3집-17)[1]을 영위하던

---

1) 각각 수록된 잡지의 편수와 그 쪽수를 표기하였다. 즉, 위 문장은 제3집 17쪽에서 인용하였다.

군산의 원도심 주변 일본인들은 아무런 문제도 느끼지 않고 '침략자', 혹은 '약탈자'의 삶을 영위했는지, 그들의 생활과 생각이 궁금했다. 그러던 와중 수중에 있었지만, 들춰보지 못했던 군산 출신 일본인, 그중에서도 군산소학교(小學校), 중학교, 고등여학교 동창생과 교사들이 주축이 되어 만든 월명회(月明會)의 회지 『군산의 추억』을 살펴볼 마음이 생겼다. 분명 그들에게 군산은 "종전이 되기 전까지는 타국이란 사실"(3집-14)조차 느낄 수 없을 만큼 충분히 익숙한 토지였고, 그렇다면 회지 제목의 '추억'에서 일본인들의 일상을 엿볼 수도 있으리라 기대했다.

이른바 월명회는 "「군산」에 거주한 적이 있는 사람들"(1집-12)의 모임이다. 일본이 패망한 지 20여 년, 한일 국교 정상화가 가시화되던 1964년 5월 15과 16일 교토에서 제1회 월명회 대회가 열린다. 군산에 살았던 사람이면 누구나 참석할 수 있다는 창립 당시의 취지와는 달리 군산소학교, 군산중학교, 군산고등여학교 출신자만이 주로 참여했다. 친하게 지내던 학교 동창이 중심이어서인지 군산에 거주한 적이 있는 모든 사람이 월명회에 참석한 것은 아니었다.2) 그러나 제1회 대회 때는 80명의 교사와 550여 명이 모였고 (1집-37), 이후 3년마다 한 번씩3), 매회 600명부터 700명가량이

---

2) 실제로 회지 곳곳에 '월명회'와는 별도로 '군산회'라는 모임이 언급되고 있다.

모였다 하니 그 규모의 크기를 미루어 짐작할 수 있다.

『군산의 추억』을 편집한 히라카와 다케시(平川武士)는 대회 참석자들에게 1965년 연말까지 원고를 보내 달라 부탁, 이를 모아 그해 12월 20일 비매품으로 제1집을 출판한다. 이후에도 대회 참여자를 독려하며 비슷한 방식으로 원고를 모집, 현재까지 확인된 총 4권의 『군산의 추억』을 발간한다. 제2집은 1967년 8월 20일, 본인이 "담임이었던 사람들 말고 다른 사람들"(2집-5)의 원고를 중점적으로 모집했고, 1972년 6월 20일 출판한 제3집은 군산 "중, 여학교의 옛 교원들"(3집-1)의 글이 중심이었다. 또 1985년 5월 24일 제8회 후쿠오카(福岡) 대회를 끝내고 이 무렵 사망한 군산소학교 교장 엔도 도쿠로(遠藤德郎)의 추모 기념호로 제4집을 제작했는데, 이는 제3집 출간으로부터 13년이나 지난 1985년 10월 20일에 나왔다.

『군산의 추억』에는 20여 년 동안의 군산 출신 학생과 선생들의 동창회 소감과 함께 과거 군산에서의 학창 시절 추억 등이 실린다. 그뿐 아니라 패망 후 일본 귀국 과정과 인양[引上げ] 후 겪어야 했던 일본에서의 어려움, 헤어졌던 가족과의 재회 이야기, 그리고 과거 군산시 전경(全景)과 학교 행사 등의 사진, 한일기본조약 체결

---

3) 제2회 도쿄(東京)대회는 4년이 지난 1968년에 개최, 이후부터 다시 1970년 제3회 교토(京都)대회, 1973년 제4회 벳푸(別府) 대회, 1976년 제5회 히로시마(広島)대회, 1979년 제6회 도쿄대회, 1982년 제7회 고베(神戸)대회, 1985년 제8회 후쿠오카(福岡)대회 등이 매년 5월경 개최되었다. 1989년 히로시마에서 제9회 대회가 개최 예정(4집-152)이었으나 개최 여부는 확인 불가하다.

후 방문한 군산 관련 기록과 사진 등 귀중한 자료가 담겨 있다. 이 처럼『군산의 추억』에는 일제 강점기 재조 일본인의 생활과 이후의 삶을 살펴보는데 시사하는 바가 큰 자료가 담겨 있다.

2. 히라카와 다케시(平川武士)

월명회 회지 『군산의 추억』의 편집과 출판을 전담한 히라카와 다케시는 1929년 군산소학교에 부임한다. 반듯하게 정비된 군산의 격자형 도로와 당시 한국 내에서는 드물었던 철근 콘크리트 3층 교사의 군산소학교는 그에게 강한 인상을 줬다. 이때 이미 군산소 학교는 한반도 최고의 명문 소학교 중 하나로 40여 명의 교원과 1500여명의 학생이 있었다. 교감부터 5명의 선임 교사가 히라카와 와 같은 오이타 현(大分県) 출신이었던 관계로 그가 새로운 땅에 적응하는 데 큰 어려움은 없었다. 그의 최초 별명은 '조선 사이고' (朝鮮西郷)였는데, 갓 제대한 까까머리에 비만형 체형이 정한론자 사이고 다카모리처럼 생겼다고 해서 붙은 별명이다. 그러나 역전마 라톤 주자, 학교 선생들과의 야구팀 구성, 테니스 대회 출전과 우 승, 전선(全鮮) 유도대회 전라북도 대표팀 부주장 등 서예 교사보다 는 체조 교사로 오인될 정도로 스포츠 만능이었다.[4]

1910년생인 히라카와는 오이타 현 사이키 시(佐伯市) 출신으로 군산소학교 부임 이후 1945년까지 어머니와 여동생은 군산의 모토마치(元町)에 거주한다. 본인은 전주사범학교에 근무하면서 종전을 맞이하지만, 본가가 군산에 있어 늘 왕래했다고 한다.

1927년경 사이키 중학교를 졸업하고 조선으로 건너와 경성사범학교에 입학한 히라카와는 1929년 경성사범을 졸업, 5개월간의 단기 현역으로 군 복무, 9월 2일 군산에 도착, 10월부터 군산소학교에서 근무한다. 처음 담임 담당 없이 6학년 역사, 이과, 지리, 4학년 체육을 맡았으며 고등과 학생에게 습자를 가르친다. 다음 해부터는 5학년 담임을 맡는데, 그해 6월 오이타에서 부모님과 여동생을 군산으로 데려온다. 1931년 6월 조선에 온 지 꼭 1년 만에 아버지가 사망하지만, 그는 1932년 고등과 1학년 여학생반을 맡아 군산고여 정원 50명 중 본인 학급 지원자 28명 중 25명의 학생을 진학시키는 성과를 낸다. 1933년에는 5학년 남학생반을 맡아 다음 해 중학교 입시까지 책임을 지는데, 이때 군산중학교에 23명, 이리 농림학교에 1명 등을 진학시켜 학급별 성적으로는 최상위급 성적을 거둔다.

사실 군산소학교는 '교장 양성학교'라는 별명이 붙을 정도로 열성적인 교사들이 많았고 실제로 군산소학교 출신 교사 중 많은 사

---

4) 平川武士 『敎育極樂帳』(1960.10.5.) 189~190쪽.

람이 도내 주요 교장을 역임했다. 히라카와도 1935년 3월 익산군 황화면 황화보통학교 교장(만 25세, 全鮮 최연소 교장, 2년 4개월 근무)을 한다. 공립 4년제 초급학교였던 황화보통학교를 1935년 6년제 6개 학급으로 성장시키는 한편으로 1937년 가을 군산 신사에서 결혼식을 올리고(1편-92), 다음 해 장녀까지 얻는다.

1938년 중등교원 자격시험인 문검(文檢)에 합격하면서 1939년 5월부터 평양고여 서도(書道) 선생으로 부임한다. 그러다가 1943년 11월 전주사범학교로 옮기는데 이때 이미 3명의 자녀가 있었다. 1945년 3월 교육소집[靑紙召集][5]으로 군산 사이키(佐伯) 유치원에 본부가 있는 부대로 발령을 받아 주로 군산 비행장 뒷산에서 참호 파는 일을 한다. 7월에는 이리소학교 부대에 재소집, 이리 신사(神社) 뒷산의 탄약 호를 팠으며 8월 14일에는 백지소집(白紙召集) 명령을 받아 전라남도로 이동, 해방 후 이리로 귀환해 재향군인으로 '내지 송환'된다.

히라카와는 일본으로 돌아오는 과정과 관련해 다음과 같은 일화를 소개하기도 했다.

---

5) 교육소집이란 일반적으로 군사 능력 단련을 위해 육군이 단기간 보충병을 소집하여 훈련하는 것을 일컫는데, 보통은 영장이 흰색이어서 '白紙'라 불렀다. 한편 '靑紙' 영장은 공습 등의 대비를 위한 방위 목적으로 재향군인 즉, 예비역, 보충 병력 등을 소집할 때 발급된 영장으로 히라카와는 위 두 가지를 혼용하여 쓰고 있다.

종전 후 인양 화물이 제한되었는데, 「확실하게 일본에 송환해 줄 테니, 인양자 화물을 미군이 책임지고 보관해 준다」는 주둔군의 제안을 그대로 받아들여 포장 한 개에 30kg 이하로 묶어, 보관료까지 지급하면서 13개를 미군 창고까지 운반했다. 전쟁에서 졌기 때문에 새삼 불평할 일도 아니지만 결국 나한테 오지 않았다.(3집-111)

1946년 모교인 사이키 쓰루야(鶴谷) 중학교에 취직해 교무주임, 1953년경부터는 가쿠조(鶴城) 고등학교(7년, ~60년)에 근무하면서 진학지도와 체육 교사로 근무한다.

이후 여러 우여곡절을 겪은 듯한데, 이상과 같은 히라카와의 예는 식민지 조선과 패전 후 일본에서 교사로 생활했던 재조 일본인 교사의 궤적과 대동소이하다. 한반도에서 교사로 생활했던 일본인이 어떤 일상을 보냈는지, 태평양 전쟁 시기와 귀국 과정이 어떠했고 귀국 후의 삶이 어떠했는지, 비록 표피적이지만 이상에서 그 대강을 엿볼 수 있다.

3. 군산 학교 출신자들의 추억

어린 시절, 청소년 시절을 군산에서 보냈던 월명회 회원들은 군산(群山)을 '군잔'(グンザン)이 아니라 '군산'이라고 부른다. 왜냐하면 "일부러 군산이라고 부르고 싶다. KUNSAN이라고 발음했을 때

징하고 아려오는 그 그리움을 맛보고 싶고"(1집-43) "어려서부터 익숙하게 불렀던 「クンサン」이 아니면 뭔가 딱 와닿지 않는 느낌"(2집-39)이 들기도 하고, "「군산」이란 말을 들었을 때의 놀라움은 옛날 애인이라도 만난 것 같은 기분"(2집-64)이 들기 때문이다. 귀국 이후에도 여전히 "グンザン이 아니라 クンサン이라고 부르고 싶은 마음은 군산 이외 지역에 살았던 사람들은 좀처럼 이해하기 어려울 것"(3집-16~17)이라 설명6)한다.

이처럼 사무치게 그리워하는 군산의 추억은 대부분이 비슷했는데, 예를 들면 1936년 군산고여를 졸업한 후쿠다 도시요(福田敏代)가 「군산 추억 일람표」(4편-74)란 제목으로 올린 다음의 글에서 이들이 추억하는 군산의 모습을 단적으로 알 수 있다.

---

6) 1930년대 「군산 간이(簡易)보험 고우타(小唄)」의 가사에는 "モダン姿の群山港"라는 가사 후리가나에 "モダンスガタノクンサンミナト"(3집-29)이라고 쓴 것처럼 공식적인 명칭은 아닐지 모르지만, 공공연하게 'クンサン'이라고 불렸다는 것은 확인할 수 있다.

정월(正月)	봄	여름
정월의 행사 조선인의 덩실덩실(ジャンガジャンが). 중국인의 폭죽. 게이사(芸者衆)의 인사 행렬 인력거. 말린 청어알(数の子). 명란(明太子). 연 날리기(タコあげ). 아름다운 조선복(朝鮮服).	군산 공원의 밤벚꽃(벚꽃 뚝방). 뱅어(白魚)의 맛. 고군산 버찌. 월명산. 수원지(水源池, 소풍). 이즈모야(出雲屋)의 지마키(チマキ), 가시와(柏) 찰떡. 오히나마쓰리(お雛まつり). 소학교의 푸른 눈 미국 친선 사절(親善使節) 인형. 개항 기념일.	金マッカ7). 불꽃놀이 대회(아이스크림, 캔디). 조기회(早起会, 라디오 체조). 지게꾼의 잔교(桟橋)에서의 낮잠. 운동장의 여름 시장. 여름방학의 평상(涼み台). 일본 장기(将棋). 은빛 모래 같이 아름다운 별. 고군산 해수욕장.
가을	겨울	기타
소학교 운동회(줄다리기, 이어달리기). 군산신사 대제(大祭) 오미코시(おみこし, 행렬). 포장마차(屋台). 주꾸미. 새빨간 대석양(大夕陽). 부민(府民) 운동회. 여름방학 동안의 작품 전람회. 군산항의 플로팅 독(うきドック). 게(蟹)의 맛	기리고다쓰(キリゴタツ)의 맛(味). 교회의 크리스마스 사라시나(更科)의 소바. 이즈모야의 가키모치(カキ餅), 가미나리모치(カミナリ餅). 스케이트, 눈썰매 타기. 설중(雪中) 행군(여학교). 복(ふぐ)의 맛. 중국 우동(東和園 등). 함박눈, 눈사람. 금강 바닷새. 꿩, 오리(鴨)의 맛. 온돌.	조선의 장례식(새끼줄을 한 우는 사람[泣き上戸]). 희소관(喜笑舘, 영화관). 군산 쌀(菱ク米)의 맛. 소학교의 조회. 칙어 봉독할 때의 엔도(遠藤) 선생님(하얀 손 장갑). 경마

　한편, 히라카와는 이들을 대상으로 120통의 왕복엽서를 보내 설문조사를 행8)한다. 회신은 28통밖에 없었는데 이 중 남성의 답신은 4통뿐이고 나머지 24통은 여성이었다. 남녀의 차이도 있겠지

---

7) 불명.

8) 「アンケート」(『群山の思い出 第2集』) 44~54쪽.

만, 해방 전후 중고등학교를 다녔던 남성 중에는 전장에 끌려 나간 이들이 많았을 것이고, 사망자도 많았을 것이다. 그러한 의미에서 위 설문조사도 그렇지만, 여성들이 '월명회'를 주도적으로 이끌었던 사실 또한 한편으로 이해가 간다.

다음은 설문 항목이다. 1. 현주소, 2. 직업, 3. 가정 상황, 4. 인양 연월일, 5. 군산의 주소, 6. 군산 소, 중, 고여 졸업 연도. 7. 군산에서의 추억 한 가지, 8. 군산을 꿈에서 보았는가?

다른 지역 재조 일본인도 마찬가지였는지 좀 더 확인이 필요하겠지만, 위 설문조사에서 군산 체류 일본인들은 대체로 1945년 11월부터 12월 사이에 가장 많이 귀국한 것으로 파악된다. 군산 출신으로 결혼하여 만주국 신경(新京)에서 종전을 맞이한 일본인의 경우는 해를 넘겨 1946년 귀국한 예도 있지만, 주로 해방된 그해에 돌아갔다. 그리고 히라카와는 물론, 인양자의 대부분은 본인, 또는 부모의 고향으로 돌아가 그곳에서 정착한 것 같다.

월명회는 매번 6-700여명이 모였다. 이 중에는 전쟁터에 나가지 않았던 여성들 이외에 재조선 남성 교사들이 특히 눈에 띈다. 이들은 히라카와처럼 일본으로 돌아간 뒤 박봉이지만 지방의 교원으로 재취직 되는 경우가 많았다. 앞에서 언급한 것처럼 대부분의 젊은 남성들이 전쟁터에 나가 교원이 부족했던 패전 후 지방 각급 학교를 이들 재조 일본인 교사들이 충당한 것이다. 재건을 위한 인재 양성이 급선무였던 일본 사회에서 이들 교사는 절대적으로 필요한 존재였다. 그리고 그들은 이후 1960~70년대 일본 사회에서 새롭게 배출된 젊은 교사들과 각축을 벌이면서 일본의 초중고 교육을 운영해 간다. 군국주의 시절 외지(外地)에서 귀환한 이들 일본인 교원이 전후 일본 교육계에서 어떠한 역할을 했을지, 또 어떠한 영향을 끼쳤을지 대단히 흥미로운 문제가 아닐 수 없다.

4. 비주류(?) 군산 출신자들

위 설문조사에는 현재의 '직업'과 '가정환경' 등을 묻는 항목이 있다. 당연히 이러한 조사에 응할 만한 여건이 되는 사람이 설문에 답하겠지만, 기본적으로 군산고등여학교나 군산중학교처럼 중등 이상의 학교에 다녔던 사람들은 학업을 뒷받침할 만한 여력 있는 중류층 이상의 가정에 있었을 것[9]이다. 예를 들어 같은 중등 여자교육기관이지만 실업 중심인 가정학교(家政学校) 출신자나 옥구, 임피 등 군산시 근교 농장에 살았던 일본인 소작농 자제들의 모습은 『군산의 추억』에 거의 등장하지 않는다. 소작농과는 차이가 크겠지만, 구마모토 농장(熊本農場)의 지배인인 시바타 가나에(柴田鼎)의

---

9) B生이라는 교사의 「ある卒業証書」(2집 103~106쪽)란 글에 군산소학교 학생인 M군의 어머니가 생활고 때문에 아들에게 도둑질을 시키는 이야기가 나온다. M군은 하루만 더 학교에 나오면 졸업할 수 있었으나 끝내 출석하지 않아 졸업증서를 줄 수 없었다고 한다.

딸 사치코(幸子)의 추억(4집-63~65), 부안에서 군산 시내로 유학와 외롭게 군산고여를 다녔다는 가타야마 미쓰코(片山美津子, 4집-61~62)의 추억 등은 그 비근한 예라 하겠다.

그래서인지 히라카와에게 『군산의 추억』은 "행복해 보이는 사람들만의 글을 싣고 있다. 더 고생한 사람들 이야기도 실어야 한다"(2집-4)는 항의성 편지가 오기도 했다. 같은 일본인, 같은 군산 출신자라 해도 역시 빈부의 문제, 계층의 문제는 일제 강점기 일본인의 삶을 살펴볼 때 눈여겨봐야 할 틈새가 아닐까 한다.

꼭 그렇게 고생한 사람 이야기는 아닐지 모르나, 행복하게 과거를 추억하는 일반적인 월명회 회원과는 다르게 시니컬하게 과거를 회상한 군산고여 19회(1942년) 졸업생 히라쿠리 도시코(平栗稔子)란 여성의 글도 눈길을 끈다. 그녀의 집은 사카에 정(栄町)에서 조그마한 철공소를 운영했는데, 군국주의가 극성이던 1940년대 고바야시 다키지(小林多喜二)의 『게공선』(蟹工船)을 탐독할 정도로 그녀는 독특한 면모를 지녔다. 2남 3녀 중 밑에서 2번째 딸인 히라쿠리는 군산의 일본인들이 모두 이주노동자[出稼人]인 주제에 "이민 1세의 성공과 실패가 자녀의 학교 석차부터 결혼까지 모든 순위가 자연스럽게 정해지는 봉건성"이 있다며 날카롭게 비판한다. 그래서 그녀는 패전 후에도 본인들이 자발적으로 일본에 온 것이 아니라 "우리들은 내지로 옮겨졌다.(굳이 돌아왔단 표현을 쓰지 않는다, 우리에게 내지는 타국이기 때문에)"(2집-72~73)라고 강변한다.

그 밖에도 『군산의 추억』 투고자 중에는 일본인이 아닌 조선인도 있다. 제3집에 김복경이란 인물의 편지(제3집-7~8)가 있는데, 그는 1932년(군산중 5회) 졸업생으로 일본에서 동경농업대학을 졸업, 전북대학교 농과대학과 서울농업대학의 교수가 된다. 그런데 군산중학교에는 본인 말고도 친동생과 사촌동생(김부경)이 함께 다녔다. 동생 김수경은 중학교 졸업 후 경성제대 법문학부 철학과를 거쳐 동경제대 대학원 언어학 강좌에 진학, 이후 경성제대 조선어학 강사 등을 역임한다. 오늘날 완전히 잊힌 인물이지만, 김수경은 1946년에 월북, 김일성 대학에서 교수를 하면서 북한의 언어 체계 확립한다. 남한에서 "노동"이라 쓰고 읽지만, 북한에서 "로동"이라 발음하고 표기하는 것도 김수경이 이론적 논거를 마련했다고 한다.

『군산의 추억』에 글을 보낸 면면들은 군산을 애틋하게 기억한다. 그들에게 군산은 '고향'이고 부모와 형제자매가 묻힌 곳이기도 하다. 그래서 늘 가까이 가고 싶지만 좀처럼 다가가지 못한 채, 하나 둘 역사의 뒤안길로 사라져간다. 1960년대, 『군산의 추억』에는 기차 안 조선 노인네 곰방대 냄새의 역함을 거리낌 없이 손가락질하던 이들도 4집을 발간한 1980년대가 되면 나이 탓인지 조선의 풍경과 조선인의 추억을 언급하는 빈도가 점점 줄어들었다.

그렇지만 식민지 조선의 경험자만이 지녔던 '인양자'라는 꼬리표[10]는 그들의 삶을 지탱해 줬던, 그래서 전후 일본 사회를 억세게 살아낼 수 있었던 원동력이었다. 외지 조선에서 교사 생활을 했던 이들이 전후 일본 교육계의 큰 버팀목이 되었던 것처럼 군산 출신 인양자들은 전후 일본 사회에 지대한 영향을 끼쳤을 것이다. 그들의 꼬리표가 점점 잊히고 옅어져 인양자 스스로가 인식하지 못할 정도가 된 지금, 그들의 조선에서의 학창 시절과 경험이 현대 일본 사회에 어떠한 의미가 있었는지 여전히 살펴볼 필요가 있다. 그뿐 아니라, 앞서 언급한 김수경처럼 일제 강점기 일본인들과 함께 수학했던 한국인들이 해방 후 남북한 사회에서 어떠한 역할을 했는지, 이 또한 규명할 필요가 있을 것이다.

---

10) 福田敏代 「私の祕蔵のレッテル」(『群山の思い出 第四集』) 30~31쪽.

1920년대 부산 지역 일본인학교의 교육과 자치의 의미

-『부산교육오십년史(釜山敎育五十年史)』의 발간을 중심으로-

이 충 호

1. 서론

1920년대는 제1차 세계대전 이후 일본 제국주의가 식민지 경영을 더욱 강화하고, 동아시아 여러 지역에서 문화적·정치적 통합을 추구하던 시기였다. 부산은 개항 이후 빠르게 발전한 항구 도시이자, 조선 내 일본인 거주지로서 전략적 중요성을 지닌 곳이었다. 일본 정부의 적극적인 이주 장려 정책에 힘입어 부산 내 일본인 인구가 대폭 증가했는데, 1914년만 해도 총인구 55,094명 중 28,254명이 일본인이었다[1].

　이러한 일본인 인구의 증가는 필연적으로 일본인 자녀들의 교육 수요를 확대시켰으며, 부산거류민단 등 일본인 자치 조직을 통해 학교 설립과 운영이 활발하게 이루어졌다. 특히 부산은 조선에서 가장 이른 시기에 일본식 학제가 도입된 지역으로 알려져 있으며, 유치원부터 중등교육에 이르는 학교체제가 일찍 갖추어졌다. 나아가 1920년대에 간행된 『부산교육오십년사(釜山敎育五十年史)』는 이 같은 일본인 교육의 연혁과 성과를 체계적으로 정리함과 동시에, 식민 통치를 정당화하고 일본인 공동체의 정체성을 결속하는 매개체 역할을 했다.

　본고는 그중에서도 1920년대에 초점을 맞추어, 왜 이 시기에 『부산교육오십년사』가 간행되었는지, 그리고 이 문헌을 통해 일본인 사회가 어떻게 자기 정체성을 공고화하려 했는지 살펴보고자 한다. 이를 통해 단순한 교육 연혁서를 넘어 식민지 부산에서 이루어진 일본인 학교 제도와 자치운영, 그리고 조선인 교육과의 차별 구조를 밝혀 보이는 하나의 시각을 제시하고자 한다.

---

1) 홍순권「일제시기 부산지역 일본인사회의 인구와 직업구조」, 역사와경계 51집, 부산경남사학회, 2004

2. 일본인 거류민단의 자부심과 부산교육회의 활약

2-1. 부산거류민단과 일본인학교 설립 배경

부산은 1876년 개항 직후 가장 먼저 일본전관거류지(日本專管居留地)가 설정된 곳이었고, 본토에서 넘어온 일본인들은 자녀 교육기관을 신속히 마련하고자 했다. 그 결과 다음해인 1877년 공립(共立)학교가 설립되었는데, 이는 조선에서 일본식 학제를 표방한 최초의 일본인 학교였다. 이 학교는 일본인 자녀 13명을 대상으로 시작되었는데, 이후 정비되어 '부산공립소학교'라는 명칭으로 확대·발전되었다. 이를 통해 부산은 조선에서 가장 이른 시기에 일본어 학교가 설립된 지역이라는 상징성을 갖게 된다. 당시 일본 본국에서도 1872년에 새 학제를 공포하여 의무교육을 확립하였는데, 해외, 즉 식민지 조선에 세워진 부산공립소학교의 존재야말로 "일본 교육사상 특기할 만한 소중한 자료"라는 평가를 받게 된 것이다.

『부산교육오십년사』에서는 이를 두고 다음과 같이 서술하고 있다.

> 우리 부산의 교육에 대해 이것을 보건대, 50년 전 한일수교조약이
> 체결된 이듬해, 취학 아동 13명을 모아 일찍이 교육을 실시하고 있
> 었다. 이것이 메이지 시대에 있어서, 조선은 물론 일본인이 외국에서
> 시행한 학교 교육의 시초였다. 1872년의 학제 반포의 성지를 받들
> 어 해외에서 이를 실현하였으며, 또한 조선 측에서도 1895년에 개
> 성학교(開成學校)를 창립하여 신교육의 단서를 열었다. 이에 대해 이

들 선각자들에게 경의를 표하지 않을 수 없다. 이후 여러 차례 조직을 변경하고, 위치를 옮기며, 예기치 않은 재난에도 굴하지 않고, 당시의 고심을 견디며 제도의 개선을 지속적으로 준수하여, 체계를 흐트러뜨리지 않고 면면히 이어져 마침내 반세기를 거쳐 오늘날의 상황에 이르게 되었다.[2]

당시 일본 본국에서는 1872년에 학제를 새로 공포하여 의무교육체제를 확립한 바 있는데, 이 제도를 해외인 조선 땅, 특히 부산에서 실현했다는 점이 부산에 거주하고 있던 일본인 사회 내 큰 자부심을 낳았다. 『부산교육오십년사』에서는 이를 두고 "메이지 5년 새 학제 공포 이후 50년이 지난 시점에, 해외로 여겨지던 부산에 존재하는 소학교야말로 일본 교육사에 특기할 만한 소중한 자료"라고 평가하였다. 실제로 부산에는 학제 공포 이전에도 외무성이 관할하는 어학교(語学校)가 존재했고, 이것이 1873년에 문부성 직할학교가 되면서 곧 부산 교육의 시초가 되었다고 전해진다[3].

2-2. 유치원 설립과 중등교육의 시도

부산에는 또한 조선 내 최초로 유치원이 들어섰는데, 1897년 3월 동본원사(東本願寺) 부산별원이 유아 약 20명을 모아 개원한

---

2) 釜山府、釜山教育会編『釜山教育五十年史』「自序」(釜山教育会, 1927) p.3
3) 위의 책, 「序」, pp.2-3

뒤, '거류민단'과 여러 유력자들의 지원으로 점차 규모를 키워나갔다. 그 외에도 중등 단계의 교육이 이미 1902년 전후로 부산공립소학교 내 보습과(補習科)를 설치함으로써 시도되었다. 이는 1906년 4월 부산고등여학교와 부산상업학교로 발전하여, 훗날 "조선에서 중학교 혹은 고등여학교가 가장 먼저 생긴 곳 역시 부산"이라는 평가를 가능케 했다.

이처럼 학교가 잇달아 설립되고 체계화되는 과정에서, 부산거류민단이 주도적 역할을 수행했다. 거류민단은 일본인 사회가 모금한 자금과 본국 정부의 보조를 효과적으로 관리해, 학교 부지 매입·교사 충당 등 여러 사항을 지원했다. 이는 부산의 일본인 사회가 "본국보다 앞서 조선에 학교를 세웠다"는 데 대한 강한 자부심을 형성하게 만든 배경이라고 할 수 있다.

2-3. 부산교육회의 창립과 활동

학교 설립이 활발해지는 와중에, 1907년 2월에는 부산거류민단에 의해 부산교육회가 창립되어 일본인 교육을 한층 더 '조직적'으로 이끌게 된다. 여기서 주목할 만한 것은 부산교육회의 회원 구성이 일반 사회의 유력한 인사들까지 폭넓게 포괄했다는 점이다. 『부산교육오십년사』는 당시 교육회의 설립 취지를 다음과 같이 전한다.

부산교육회는 1907년 2월에 창립되었으며, 단순히 교육과 직접 관련된 사람들뿐만 아니라, 널리 일반 사회의 유력한 인사들도 회원으로 포함시켰다. 즉, 명예회원, 종신회원, 특별회원, 일반회원의 구분이 있었으며, 창립 당시 총 회원 수는 246명이었다. (중략) 이처럼 부산교육회는 일반적인 교육과 사회 교화에 끊임없이 노력하며 공헌해 온 소중한 역사를 가지고 있다. 처음에는 내지인을 위한 활동을 기획하고 보완하는 데 주력했지만, 한일 병합 후인 1911년부터는 부산 거주자 중 내지인과 조선인을 포함한 모든 사람을 대상으로 교육 사업의 발전에 기여하게 되었다.[4]

즉 부산교육회는 단순히 교사나 교육 전문가들만을 모은 것이 아니라, 전체 246명의 회원 가운데 명예회원, 종신회원, 특별회원, 일반회원으로 구분하여 '사회적 유력자'들을 대거 영입했다. 아래에 제시한 교육회 회칙(제1조와 제4조)을 보면, "부산부 내에서 교육의 발전을 도모하는 것"을 목적으로 하면서, 교육 및 학예에 관한 조사·연구 및 시설 운영, 강연회와 강습회의 개최, 사회교육 시설 운영, 교육 공적이 있는 자 표창 등의 사업을 주도했음을 알 수 있다.

(교육회 회칙 제1조) 본 회는 부산교육회라 칭하며, 부산부 내에서 교육의 발전을 도모하는 것을 목적으로 한다.
(교육회 회칙 제4조) 본 회에서 시행할 주요 사업은 다음과 같다.
① 교육 및 학예(學藝)에 관한 조사·연구 및 시설 운영

4) 위의 책, pp.28-29

② 교육에 관한 의견 발표

③ 교육 및 학예에 관한 강연회 및 강습회 개설

④ 사회교육에 관한 시설 운영 및 그 지도·장려

⑤ 학사(學事) 시찰 또는 연구를 위한 회원 파견

⑥ 교육상 공적이 있는 자에 대한 표창

⑦ 교육 관계자의 공제(共濟) 시설 운영 및 그 장려

⑧ 기타 본 회의 목적을 달성하기 위해 필요한 사항5)

또한 부산교육회는 저명한 인사를 초청해 강연하거나, 봄·가을 운동회를 열어 후원·지도하는 등 사회 교화 기능을 수행했고, 실업 야학이나 도서관을 운영하는 등 당시로서는 선진적인 활동들을 전개했다. 그뿐만 아니라 1908년부터 남녀 학생을 위한 '수영장(水練場)'을 마련해 해양국민으로서의 기개를 단련하고 수영 훈련을 실시하기도 했다. 이는 "부산교육회가 해양 도시 부산의 특성을 살려, 일본인 학생들에게 체력과 정신을 단련할 기회를 제공함으로써 교육적 효과를 극대화했다"라는 평가로 이어진다.

3. 일본인학교와 조선인학교를 구분한 이유

1920년대에 간행된 『부산교육오십년사』는 "부산에서 이루어진

---

5) 위의 책, p.30

교육의 연혁과 성과를 총정리한다"는 명목을 내세웠다. 그러나 그 기획의도에는, 조선인 교육과 일본인 교육을 제도와 체계 면에서 분리한다는 식민지 정책의 기본 방향이 반영되어 있다고 해석할 수 있다.

『부산교육오십년사』는 전편(前編)을 '내지인교육', 후편(後編)을 '조선인교육'이라는 항목으로 구분한 이유를 「편찬에 대해서(編纂に 就て)」에서 다음과 같이 설명하고 있다.

(1) 내지인 교육과 조선인을 구분한 이유

1922년 2월 6일에 공포된 조선 신교육령은, 이른바 일시동인(一視同仁)의 정신에서 비롯된 것이며, 또한 조선 사회의 교육 발전 현황을 고려하여 그 교육 제도를 전적으로 내지와 동일한 제도로 운영하도록 한 것이었다. 즉, 이는 내지 교육제도의 연장이었으므로, 조선 교육사상 하나의 새로운 시기를 열었다고 할 수 있다. 이 시점에서 내지인 교육과 조선인 교육을 구별하는 항목을 설정한 이유는, 조선의 국민들 가운데 실질적으로 언어·풍속·습관이 동일하지 않은 사람들이 존재했기 때문이다. 따라서 보통 교육에 있어서도 일본어를 일상적으로 사용하는 자와 그렇지 않은 자를 구별하는 기준으로 삼아, 학교 명칭을 내지인의 경우 소학교·중학교·고등여학교로, 조선인의 경우 보통학교·고등보통학교·여자고등보통학교로 구별하는 것을 원칙으로 삼았다. 더구나 과거에는 법규상으로도, 실제 현실에서도 이러한 구별이 존재하였고, 지금까지의 역사를 형성해 온 것도 이러한 구별에 기초한 것이므로, 본 서적의 전편(前編)은 내지인 교육,

후편(後編)은 조선인 교육으로 편찬하기로 하였다. 그러나 미래에는 이러한 구분이 불필요할 것이며, 또한 그러한 구분이 필요하지 않도록 만드는 것이 국가의 의지에 부합하는 것이므로, 이것이 교육의 중요한 임무라고 생각한다.[6]

이는 1922년 2월에 공포된 조선신교육령이 '일시동인(一視同仁)'을 표방하면서도, 실제 교육의 골간을 일본 본토 제도에 맞추어 이중적으로 운영하였기 때문이다. 책에서 "조선에는 언어·풍속·습관이 다른 여러 사람들(=조선인)이 있으므로, 일본어를 일상적으로 사용하는 이와 그렇지 않은 이들을 구별해, 전자는 소학교·중학교·고등여학교에, 후자는 보통학교·고등보통학교·여자고등보통학교에 다니게 한다"고 명시한 부분이 이를 뒷받침한다.

표면적으로는 "장래에는 이러한 구분이 없어지는 것이 국가의 의지이며, 그것이 교육의 중요한 임무"라고 덧붙였으나, 실제 운영 과정에서는 '조선인 교육'을 실질적으로 차별·통제했다. 결국 『부산교육오십년사』가 전편과 후편을 철저히 구분한 것은, 식민지 지배 원리에 부합하여 일본인 학교와 조선인 학교 사이의 격차를 제도화·합리화하는 의도를 담고 있다고 볼 수 있다.

---

6) 위의 책, 「編纂に就て」, pp.1-2

4. 『부산교육오십년史』 발간의 전략적 의의와 시기적 특수성

4-1. 문화정치 기조와 민간단체를 통한 교육 재정 분리

1920년대 식민지 조선은 일본 제국주의가 '문화정치'를 내세워 조선인들의 반발을 달래고, 식민 지배를 합리화하고자 한 시기였다. 이때 조선인 교육과 일본인 교육을 "동등하게 지원한다"는 표면적 원칙도 함께 제시되었지만, 실제로는 학교재정 측면에서 일본인과 조선인을 확연히 분리했다. 대표적으로 일본인 학교는 '학교조합7)'이라는 민간단체를 통해 재정이 마련되도록 유도했고, 조선인 학교는 학교비(學校費)라는 또 다른 민간 형태(실제 운영은 자문기구)에 의존하도록 만들었다.

> 일제가 표면상으로는 내선일체를 내세워 조선인과 일본인의 교육을
> 따로 구분하지는 않았으나, 조선인에게 거둔 학교비 그 지역의 조
> 선인 자녀 교육에 사용하게 하고, 일본인에게 거둔 학교조합비로 그
> 지역의 일본인 자녀 교육에 사용하게 하였음을 밝혀, 조선인과 일본
> 인 사이에 실질적으로 교육재정에서부터 분리에 의한 차별이 있었

---

7) 부산교육회는 1907년 2월에 부산거류민단에 의하여 창립되어 부산관민 유지로 조직되었다. 거류민단은 부산에 이주해 오는 일본인들의 이권 옹호를 위한 자치 행정 기구였는데, 1914년 조선총독부가 직접 파견하는 관료로 이루어진 통치 기구로 지방 지배를 실현하기 위하여 거류민단을 폐지하였다. 이에 따라 자치기관으로 학교조합만을 두게 되었고, 이러한 학교조합을 관리하기 위한 단체로 부산교육회가 유지되었다.(부산역사문화대전, https://busan.grandculture.net/Contents?local=busan&dataType=01, 2025년 2월 24일 검색)

음을 알게 되었다.[8]

다시 말해, 통감부나 조선총독부가 직접 지원을 대폭 늘려버리면 이른바 '내선일치의 원리'상 조선인 학교에도 동등한 재정지원을 해야 하는 부담이 생긴다. 이를 피하기 위해 "부산교육회(학교조합)를 통한 민간재정 지원" 방식이 확립된 것이다. 학교조합은 일본인에게 부과된 조합비로 운영되어, 소학교나 중학교 등 일본인 자녀 교육기관에 넉넉한 재정을 투입할 수 있었다. 반면 조선인 학교를 담당한 '학교비'의 경우, 자문기구 수준에 머무르는 데다 조세 징수 규모가 훨씬 적었고, 부족분은 주로 기채(起債)나 정부 보조금에 의존해야 했다.

4-2. 학교조합과 학교비의 위상 차이

1931년 4월 이전 식민지 조선에서 유일한 의결기구이자 자치조직 역할을 했던 것은 바로 학교조합이었다. 이는 실질적으로 예산과 정책을 결정하고 집행할 수 있는 권한을 지녔다는 뜻인데, 조선인 학교를 담당하는 '학교비'는 자문기구에 그쳤다. 각종 통계에 따르면 학교조합 예산이 학교비 예산의 몇 배에 달했으며, 그만큼 일본인 학교는 유치원부터 실업·고등여학교까지 골고루 교육 혜택

---

8) 송지영「일제시기 부산부의 학교비와 학교조합의 재정」역사와경계55, 2004, p.196

을 제공했다. 하지만 조선인 학교는 보통학교 이상의 교육기관을 넉넉히 유지하기 어려웠던 것이 현실이다.

결국 이런 예산 구조와 조직상의 권한 차이는 일본인과 조선인의 교육 격차를 더욱 확대했으며, 실제로는 "동등"하게 보이도록 선전했지만 실질적으로는 완전히 분리된 재정 운영을 통해 차별을 고착화하고 있었다고 할 수 있다. 『부산교육오십년사』는 부산교육회의 역할을 대서특필하고 있으나, 이면에는 이렇듯 "민간단체" 형식을 빌려 일본인 교육을 풍족히 지원하고, 조선인 교육에는 제한된 재정만을 허용했던 식민지 지배 정책이 작용했다고 평가할 수 있다.

4-3. 식민 통치 합리화와 부산교육회의 위상

부산교육회가 '조합'을 전신으로 하여 적극적으로 활동할 수 있었던 배경에는, 일본 정부가 조선인 학교와 일본인 학교를 장기적으로 '분할 운영'하려는 식민 정책이 있었다. 여기서 주목해야 할 점은, 부산교육회가 1907년 2월 부산거류민단에 의해 창립되어 부산관민 유지로 조직되었다는 사실이다. 이후 1914년 조선총독부가 거류민단을 폐지하고 학교조합만을 남긴 뒤, 그 학교조합을 관리·감독하기 위한 단체로 재편된 것이 바로 부산교육회였다. 나아가 『부산교육오십년사』 또한 이 부산교육회가 발간했는데, 이는 부산교육회의 비중이 결코 적지 않았음을 방증한다.

부산교육회가 『부산교육오십년사』에서 의도적으로 부각한 대목은, 곧 "부산 지역에서 일본인 스스로 자발적·자치적으로 교육을 발전시켰다"는 성공 서사를 만들기 위함으로 보인다. 한편으로는 조선인 학교를 담당하는 학교비가 같은 수준으로 자율성과 권한을 행사하지 못하도록 했다는 점이 식민 지배의 본질을 드러낸다. 이러한 맥락에서, 『부산교육오십년사』는 문화통치 시기 일본인 교육 제도의 '표면적 성과물'로 기능하며, 일본 제국주의가 식민 통치를 정당화하고 일본인 공동체의 정체성을 결속하는 데 활용되었다고 볼 수 있다.

5. 결론

1920년대 부산에서 일본인 학교가 빠르게 확대·정착된 것은, 부산거류민단과 부산교육회(학교조합)를 통한 적극적인 재정 확보와 자치 운영 덕분이었다고 볼 수 있다. 부산은 조선 내 최초로 일본식 소학교·유치원이 세워진 지역이면서, 중학교·고등여학교 등 중등교육도 가장 이른 시기에 도입된 곳으로 꼽힌다. 이러한 "본국보다 앞선 식민지 부산에서의 일본식 교육"이라는 상징성은 『부산교육오십년사』를 통해 크게 부각되었으며, 이는 일본 제국주의가 식민 통치를 정당화하고 일본인 공동체의 정체성을 결속하는 데 활용되었다.

그러나 이면에는 조선인 학교와 일본인 학교를 철저히 분리·차별하는 재정 운영 방식이 있었다. "학교조합"은 실질적인 의결 권한과 풍족한 재정을 바탕으로 일본인 교육을 전폭적으로 지원했지만, "학교비"는 자문기구 수준에 머물러 조선인 보통학교를 유지하기에도 열악한 재원 환경이었다. 이것이 이른바 내선일치(內鮮一體)를 표면적으로 내세우면서도, 실제로는 조선인과 일본인의 교육을 구분하고 차별하려 했던 식민 지배의 핵심 논리였다.

결국, 부산교육회의 활약을 강조하는 『부산교육오십년사』의 서술은 민간단체를 통한 일본인 교육 자치가 식민지 지배의 '모범 사례'처럼 비치게 했다. 동시에 조선인 교육에 대한 차별이 사실상 구조화된 상태임을 은폐 또는 합리화했다고 볼 수 있다. 부산이라는 구체적 지역 사례를 통해 볼 때, 식민지 교육정책이 어떠한 방식으로 이중적 원리를 적용했으며, 그 결과 조선인 교육환경이 얼마나 위축되었는지를 확인할 수 있다. 따라서 본고는 『부산교육오십년사』가 단순히 교육 연혁을 정리한 문헌을 넘어, 식민지 부산에서 진행된 일본인 학교 제도의 특수성과 조선인 차별의 실태를 함께 보여주는 중요한 사료임을 제안하고자 한다.

다쓰야마 루이코(龍山涙光)의
재조 일본인소학교 〈오토기순례(お伽巡禮)〉

이 현 진

1. 다쓰야마 루이코(龍山涙光)와 『경성일보(京城日報)』

　다쓰야마 루이코는 조선총독부 기관지 『경성일보』의 기사를 통해 1910년대 후반에 재조일본인 구연동화 작가로서 활동한 것을 알 수 있다.

　1910년대 조선반도에는 아동에 대한 인식이 정착되지 않은 가운데 당시 정치, 사회, 문화, 문학예술, 식민통치 등 모든 식민지 학지가 일상적으로 유통되는 최대 공간이었던 『경성일보』에는 일본의 주요 아동문학 작가뿐 아니라, 재조일본인의 아동 문예물 상당

수가 실렸다.[1] 그중 다쓰야마 루이코는 1910년대 식민지 조선에서 재조일본인 소학교 및 보통학교의 조선아동을 대상으로 한 구연동화 작가로 활동한, 재조일본인으로서는 처음으로 적극적으로 구연동화 활동을 구현해 낸 인물이었다. 그의 활동에 관해서는 『경성일보』에 실린 관련 기사를 통해 확인할 수 있는데, 그 이외의 이력에 대해서는 알려진 바가 전혀 없다. 식민지 조선에 동화와 동요 등 아동문학의 개념이 보급되기도 전인 당시에 조선총독부 및 경성일보사와 관련을 맺고 재조일본인으로서는 처음으로 다쓰야마 루이코가 구연동화 활동을 적극적으로 시도하였다는 것은 시기적으로도 매우 주목된다.

1913년 10월 일본에서 아동문학의 선구자라 평가되는 이와야 사자나미(巖谷小波)가 만선구연여행(滿鮮口演旅行)으로 처음 조선을 방문해 동화구연을 시도한다. 이후 1915년에는 일본의 안데르센이라 불리는 동화작가인 구루시마 다케히코(久留島武彦)가 시정(始政) 5년 기념으로 열린 〈가정박람회〉에서 재조일본인 아동을 대상으로 한 구연동화회를 성공리에 마치게 되는데, 이는 모두 경성일보사의 지원으로 이루어진 것이었다. 이렇게 경성일보사는 본격적으로 구연동화회를 개최하였고, 결국에는 1918년 5월 1일 석간 2면에 오토기바나시(お伽噺)[2] 모임을 개최한다는 광고를 싣는다. 이튿날 2

---

1) 이현진「일제강점기 『경성일보(京城日報)』의 재조일본인 구연동화와 식민정책」『일본어문학』제99집 (일본어문학회, 2022) p.220.

일부터는 〈경일오토기강연회(京日お伽講演會)〉로 홍보하며 다쓰야마 루이코를 강사로 소개하였다.

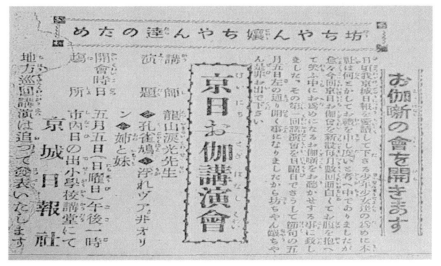

〈『경성일보』 1918년 5월 2일 홍보 기사〉

위와 같이 『경성일보』에 실린 홍보 기사를 확인할 수 있다. 기사 내용은 "평소 저희 경성일보를 애독해 주시는 소년 소녀들을 위해서 본사는 뭔가 감사의 선물을 해야겠다고 생각하고 있었는데, 마

2) 1891년 하쿠분칸(博文館)은 소년문학총서 발간과 함께 『유년잡지』를 창간하고, 이와야 사자나미는 오토의 『메르헨』을 번안한 『유라타로 무용담(由良太郎武勇談)』을 기고하였다. 이것이 호평을 받아 1893년에는 '오토기바나시(お伽話)' 란이 만들어졌으며 이와야 사자나미는 매호 마다 오토기바나시를 집필하였다. '오토기바나시'가 아동문학을 가리키는 용어로 사용된 것은 이때부터이다. (가와하라 카즈에 지음, 양미화 옮김 『어린이관의 근대』(소명출판, 2007) p.46)

침내 이번에 경일 이야기 모임을 신설 매월 여러 차례 재밌고 배를 안고 웃는 가운데 유익한 오토기바나시를 들려주기로 했습니다" 제1회 강연회를 5월 5일 일요일 오후 1시 히노데소학교(日の出小學校) 강당에서 연다는 글이다.

이후 1918년 5월 5일자 『경성일보』 지면에는 「내가 가장 사랑하는 소년 소녀에게(私の最も愛する少年少女へ)」라는 다쓰야마 루이코의 글이 처음으로 실리고, 같은 날 〈경일지상오토기강연(京日紙上お伽講演)〉란에 첫 오토기바나시 「소좌의 애마(少佐の愛馬)」가 실린다. 이는 러일전쟁 당시 군인 소좌 의 충직한 애마를 내용으로 한 것이다.

당시 『경성일보』에는 오토기바나시를 비롯해 동화, 동요, 동화극 등 아동 대상의 란(欄)이 마련되어 있었다. 다쓰야마 루이코는 〈경일지상오토기강연〉란과 〈경일지상군사오토기(京日紙上軍事お伽)〉란에 오토기바나시를 상당수 게재했다. 1918년 8월 18일부터 9월 8일까지 4회에 걸쳐 게재된 「시국이야기 작은 애국자(時局物語小さき愛國者)」와 1918년 9월 15일부터 9월 29일까지 3회에 걸쳐 게재된「이 부모, 이 아들(この親、この子)」에서 당시에는 정치적으로 민감한 소재였던 시베리아 출병을 다루었는데, 소학교 생도들에게 시국적 상황을 알리며 충의 애국을 강조하는 이야기로 구연한 것이다.3)

---

3) 이현진 「시베리아 출병과 오토기바나시(お伽話) -『경성일보(京城日報)』의 기사를 중심으로」『일본어문학』 제84집, (일본어문학회, 2019) pp.467~483. 참조.

또한 다쓰야마 루이코는 재조일본인 아동뿐 아니라 보통학교에 다니는 조선아동들과도 구연동화로 만남을 이어갔다. 그리고 그 내용은 1918년 6월 3일부터 7월 1일까지 22회에 걸친 3주간의 「오토기순례(お伽巡禮)」로 『경성일보』에 연재되었다. 그리고 귀경한 지 2주일 뒤인 1918년 7월 10일부터 7월 27일 13회에 걸친 순례길은 「서선오토기여행일기(西鮮お伽旅日記)」라는 간략한 보고 형식으로 연재된 것이다.

다쓰야마 루이코는 경성을 시작으로 수원, 조치원, 청주, 대전, 영동, 김천, 대구, 부산, 마산, 진주, 진해, 강경, 이리, 전주, 나주를 거쳐 영산포, 목포와 군산, 논산, 공주를 거치고 나서 다시 조치원을 지나 경성으로 돌아오는 3주간의 순례 여정을 진행한다. 이에 관해서는 다음 장에서 살펴보기로 하겠다.

2. 다쓰야마 루이코의 〈오토기순례〉 여정

일본은 1886년 4월 10일에 공포된 제1차소학교령(第一次小學校令)에 따라 소학교를 심상소학교(尋常小學校:수업연한 4년)와 고등소학교(高等小學校:수업연한 4년)인 2단계로 분류하고 있다. 반면 조선에서는 1911년 8월 23일에 제정된 제1차조선교육령(第一次朝鮮教育令)에 따르도록 하여 이 법령의 적용대상은 한반도 안에 있는 조선인에 한정되었고, 일본인들과는 달리 보통교육이 4년에 불과했다. 일본인은 소학교에, 조선인은 보통학교에 진학하도록 하였다. 즉 심상고등소학교는 일본인이 다니던 학교였다.

다쓰야마 루이코의 첫날 순례 시작은 영등포의 심상고등소학교였다. 그는 『경성일보』 기사에서 "본교의 생도 250명 외 보통학교의 상급생이 많이 모였다"[4]고 하면서 조선인을 위한 보통학교의 상급생이 함께 참가했음을 강조하고 있다. 이를 통해 재조일본인 아이들이 다니는 소학교에 보통학교의 조선생도들도 초대되었음을 확인할 수 있다.

다쓰야마는 경성에서는 종로교와 남대문교에서 구연을 했고, 그다음 수원의 심상고등소학교로 향하여 연단에 섰다.

> 본교 3학년 이상의 남녀 전생도에다 보통학교 상급생 외 학부형 등
> 으로 약 400명의 청중이 있었다. 두 가지 강연을 약 한 시간에 마쳤
> 는데 보통학교 생도에게도 잘 이해시킨 듯하여 무엇보다 기뻤다.[5]

위 인용에서 알 수 있듯이 다쓰야마는 400명의 청중을 대상으로 1시간 가량의 동화구연을 했다고 한다. 그런데 그는 자신의 구연이 보통학교 생도들을 이해시킨 것을 "무엇보다 기뻤다"고 표현하고 있다. 그가 조선생도들을 상당히 의식하며 구연하였음을 확인할 수 있다.

---

4) 涙光生「お伽巡禮」『京城日報』(1918. 06. 03.)

5) 涙光生「お伽巡禮」『京城日報』(1918. 06. 05.)

구연 후 다쓰야마는 6시 26분발 열차를 타고 조치원으로 향했다. 조치원에서는 심상소학교에서 강연했고, 청주에서는 오쓰카소학교(大塚小学校)에서 오토기 강연을 하였다. 그는 『경성일보』 지면에 "지식계급의 고관, 부인도 많고 보통학교 3, 4학년생 4백 명에 농학교 생도, 소학생 학부형으로 8백여 명이 청취하였으며, 오토기 2석(二席)6)을 한 후 1석(一席)은 부인을 위한 이야기"7)로 하였다고 전하였다. 아동을 위한 강연과 더불어 부인을 위한 강연도 별도로 진행했음을 알 수 있다.

대전에서는 대정사(大淨寺)라는 절에서 4백여 명의 아동이 개회를 기다리고 있었는데, 당시 대전의 인구는 조선인보다 일본 내지인이 훨씬 많았다고 한다.

이어서 그는 영동을 거쳐 김천소학교에 도착하여 강단에 섰다. 회중은 모두 5백 명, 소학교 2백 명에 보통학교 2백 명과 그 외는 학부형이었다고 『경성일보』 지면에 기술하고 있다. 재조일본인 생도뿐 아니라 조선생도와 학부형도 함께 그의 구연을 들었음이 재차 확인되고 있다.

이후, 다쓰야마의 순례 일정은 대구, 부산, 마산, 진주, 진해, 강경을 거쳐 이리에 있는 이리좌(裡里座)에서의 구연이었다. 생도들은 '경성일보 오토기강연회 만세'라 외쳐대며 그를 환영하였다 한다.

---

6) 두 가지의 이야기를 의미한다.

7) 涙光生「お伽巡禮」『京城日報』(1918. 06. 07.)

그다음 전주, 나주를 거쳐 영산포와 목포로 향했다.

다음 장에서는 다쓰야마 루이코의 〈오토기순례〉와 관련지어 당시 목포에 설립되었던 일본인 학교의 경우를 살펴보기로 한다.

3. 일본인 학교 〈목포공립심상소학교〉(현 목포유달초등학교)

20세기 초 이래 목포에는 조선인들이 세운 〈목포공립보통학교〉[8]와 〈문태중학교〉를 비롯하여 기독교 선교사들이 세운 〈정명여학교〉[9]와 〈영흥학교〉[10], 일본인들이 세운 〈심상고등소학교〉와 〈상업전수학교〉, 〈고등여학교〉 등 다양한 학교가 들어서면서 교육 도시의 면모를 지니게 된다.

그중 다쓰야마의 활동과 관련지어 일본인 목포 거류민단이 세운 〈목포공립심상소학교〉에 대해서 자세히 살펴보자.

〈목포공립심상소학교〉는 1898년 목포에 진출한 일본 사찰 동본원

---

8) 무안 지방 유지들이 뜻을 모아 1897년 무안읍 향교에 〈무안항공립소학교〉로 창설 개교했으며, 1901년에 관의 허가를 받아 목포로 옮겨왔다. 1907년 4월 1일 교육령이 공포되면서 〈공립목포보통학교〉로 개칭되었고, 1911년 〈목포공립보통학교〉로 다시 개칭되었으며 1996년 〈목포북교초등학교〉로 현재에 이르고 있다.

9) 1903년 미국 남장로교 한국선교회에서 설립한 학교이다. 1937년 신사참배 강요를 거부해 폐교되었다가 1947년 〈목포정명여자중학교〉로 재개교됨.

10) 1903년 9월 미국 남장로회 선교사 벨(Bell,E. 한국명 배유지)과 교회 유지 등의 발기하에 기독교 신앙을 전도하고 민족혼을 깨우칠 목적으로 목포시 양동에 〈영흥서당〉으로 설립됨. 현재는 〈영흥고등학교〉로 남아있다.

사(東本願寺)[11]가 주도해 설립되었다. 1912년 〈목포공립심상고등소학교〉로 개칭되었고, 1945년 해방 이후에는 〈목포유달국민학교〉로 개교하였다가 1996년 〈목포유달초등학교〉로 명칭이 변경되어 현재에 이르고 있다.

또한, 등록 문화재 제30호로 지정된 구(舊) 〈목포공립심상소학교〉 강당은 목포 개항 이후 이주해 온 일본인이 자녀 교육을 위해 세운 강당이다. 1929년에 건립된 이 건물은 목포에 유일하게 남아있는 일제강점기 초등교육 관련 건축물로 가치를 지니며 근대 강당 건축 양식을 살필 수 있는 자료이기도 하다.

그럼, 다쓰야마가 『경성일보』의 기사로 전한 목포에서 행한 〈오토기순례〉 여정에 대하여 살펴보자.

그는 아침 8시에 기상한 다음 요시무라(吉村) 교장의 안내로 소학교에 갔다고 한다. 아래의 인용을 보자.

> 10시, 교장의 소개로 단에 서서 우선 심상 3학년 이하와 보통교의 백 수십 명을 더하여 5백여 생도에게 2석을 구연했는데, (중략) 11시 넘어 새로이 생도를 교체하여 4학년 이상 고등과 여학교를 합하여 3백여 명을 마주 보며 2석을 구연했는데 중간부터 호흡이 막히고 소리도 띄엄띄엄 말하는[12]

---

11) 목포에 들어선 일본 첫 불교사원으로 정식 명칭은 진종 대곡파 동본원사이다. 동본원사 목포 별원은 목포심상고등학교 설립 인가를 받아 목포 내에서 일본인 소학교로 최초 정식 운영되었다.

〈구 목포공립심상소학교 강당〉

---

12) 淚光生 「お伽巡禮」『京城日報』(1918. 06. 27.)

여기에 덧붙여 다쓰야마는 『경성일보』의 기사에 부(府)의 학무 주임과 유지들을 비롯해 학부형 다수도 내청(來聽)했으며 본교에는 작년 경부터 오토기(お伽) 모임이 조직되고, 매월 1회 정기모임이 열린다고도 전하고 있다. 12시 반에 겨우 구연을 마치고 나서 오후 5시부터는 철도구락부(鐵道俱樂部)에서 약 1시간 가정 강연을 한 다음 여관으로 돌아왔다고 한다. 다쓰야마는 아마도 당시 목포 심상소학교를 방문하여 동화구연을 하였을 것으로 볼 수 있겠다.

이후, 다쓰야마는 군산, 논산과 공주의 소학교 구연을 마치고 조치원을 거쳐 경성으로 다시 돌아옴으로 3주간의 순례 여정을 마치게 된다.

다쓰야마는 『경성일보』〈오토기순례〉란 기고에 소학교를 중심으로 순례한 경유지와 생도들의 참석 수, 경찰 및 고위 간부, 상류계급 부인들의 참석에 관한 내용만을 적었다. 아쉽게도 그가 어떠한 동화구연을 하였는지에 관한 구체적 내용은 밝히지 않았다. 하지만 가는 곳마다 생도들이 '경성일보 오토기강연회 만세'를 외쳤다는 점에서 얼마나 다쓰야마의 〈오토기순례〉가 성공적이었는지는 가름해 볼 수 있다. 그 때문에 다쓰야마의 남선(南鮮) 1만 5천의 생도를 위한 〈오토기순례〉는 귀경한 지 2주일 뒤에 다시 서선여행으로 이어졌고, 『경성일보』 지면에 〈서선오토기여행일기〉로 실리게 됐다고 할 수 있다.

4. 나오며

　재조일본인은 조선의 개항과 함께 형성되기 시작하여 한반도에 대한 일본의 영향력과 함께 성장하였으나 패전 후 소멸한 식민자 집단이었다고 할 수 있다.13) 그와 같은 재조일본인 다쓰야마 루이코는 1910년대 후반 아주 단기적으로 조선에 살았던 일본인 소학생들과 보통학교에 다닌 조선생도들을 대상으로 구연동화 작가로 활동한 인물이었다.

　한반도가 일본의 식민지가 된 이후 조선총독부는 조선인에 대한 식민교육의 기반 정비에 역량을 집중했고, 그 당시 조선총독부 기관지『경성일보』는 1910년대부터 재조일본인 독자를 위한 아동 문예물로 동화를 이용하는 움직임을 보였으며, 다쓰야마 루이코는 이에 부응하는 구연동화 작가로 활동한 것이다.

　당시 조선은 아동문학이 자리 잡을 만한 여건이 조성되지 않았다. 때문에 일본에서 건너온 주요 아동문학가와 재조일본인 작가의 소학교 및 보통학교 방문을 통한 동화구연의 활동은 특별히 주목받았을 것이다. 다쓰야마 루이코가 증언하는 바 지역에 '오토기 광고'가 나붙고 생도들이 '경성일보 오토기강연회 만세'를 외쳤다고 하니, 그의 〈오토기순례〉가 얼마나 성공적이었는지는 명확하다. 이는 조선아동

---

13) 이동훈 「'재조일본인' 사회의 형성에 대한 고찰-인구 통계 분석과 시기 구분을 통해-」『일본연구』제29집, (고려대학교 글로벌일본연구원, 2018) p.232.

문인들에게도 적지 않은 영향을 미쳤다.

식민지 시기 일본 아동문학가들의 조선 방문은 1913년부터 시작되어 1930년경까지 이어졌다. 조선총독부의 구연동화회 권장으로 인하여 당시 조선의 아동문학계에선 1924년 이후 방정환을 중심으로 한 조선인 동화회가 본격적으로 확산하기 시작하였다. 다시 말해 한국아동문학 형성의 출발점인 동화회가 이와 같은 일본의 구연동화회를 배경으로 하였다는 점은 그 시사하는 바 크다 할 것이다.

마스토미 야스자에몬(枡富安左衛門)과

오산고등보통학교*

안 지 영

1. 기독교인으로서 추모되고 있는 마스토미 야스자에몬

1994년 11월 6일 서울 중랑구 중화동에 위치한 「대한예수교장로
회 영세교회」에서 마스토미 야스자에몬(枡富安左衛門:1880- 1934)[1]
장로의 60주기 추도예배가 열렸다. 이날 예배에는 1984년 11월 16
일 그의 추모 50주기를 기념하였던 고창고등보통학교(고창고등학교
의 전신)출신 제자들과 동경 유학생 출신 제자들, 영세교회 교인들

---

* 원고 작성을 위해 관련 자료를 적극 제공해 주신 고창고등학교 관계자분들, 고창
  문화연구소 이병열선생님, 나카무라 에미코선생님께 감사의 말씀을 전한다. (삽입)
1) 이하 「마스토미」로 통일하기로 한다.

이 한자리에 모여 추모식을 거행하였다.

韓國의 恩人
故 枡富安左衛門長老六十周忌追悼禮拜

마스토미 장로 60주기 추모예배 순서지 표지

이 자리에는 마스토미의 양녀인 이시다 다케코(石田武子)씨가 참석하였으며, 고창고등보통학교 동창회장, 고창고등학교의 교장 등의 헌사가 이어졌다. 이시다씨는 한국에서의 양부의 업적을 기억하며 감사와 감동의 모습을 보이기도 하였다.3)

또한 2009년 당시 영세 교회의 담임목사였던 김충렬 목사님을 비롯해 장로, 산업 개발 연구원장 등 여러 사람이 모여 각자가 아는 마스토미의 신앙과 행적을 통해 그의 인격적인 삶을 재조명하였다. 이를 엮어 『마스토미 장로 이야기』라는 제목의 책을 펴냈다. 이후 2010년 1월 6일 오후 5시 같

---

2) 김충렬 외 『마스토미 장로이야기』 (한국장로교출판사, 2009), p.24.
3) 위의 책, pp.25-33.

은 장소에서 출판 감사 예배가 열렸다. 이 예배를 통해 기독교인으로서 마스토미의 행적을 되새기며 거룩한 기독교 선교와 교육 정신을 기리고, 신앙의 진정한 의미를 나누었다.

「마스토미 장로 이야기」 출판 감사 예배 순서지 표지

2021년 서울 일본인 교회에서는 마스토미를 포함해 한국을 위해 공헌한 일본인 10인을 추모하는 '사랑의 북 콘서트' 등도 개최되었다4). 이상과 같이, 한국 내에서 마스토미를 추모하는 움직임은 기독교를 중심으로 다양하게 펼쳐지고 있다. 이는 기독교인으로서 실천의 삶을 보여준 마스토미의 정신을 후세에 남기기 위한 기독교적 사명감이 바탕이 된 것으로 보인다.

현재 남아있는 마스토미에 관한 기록을 보면, 기독교적 관점에서 그의 삶을 조망한 내용이 대부분이다. 이에 본고에서는 호남 지방 최초의 사립 중등교육기관인 오산 고등 보통학교를 세운 마스토미 야스자에몬의 삶과 당시 학교 설립 과정 등을 살펴본다. 아울러 현재 고창 고등학교에 남은 마스토미의 흔적을 돌아보고, 그의 교육에 대한 열정을 되새기려 한다.

2. 교육자로서의 마스토미 야스자에몬

전북특별자치도 고창군에 위치한 「고창고등학교」는 1919년 오산 고등보통학교로 개교된 이래 수많은 국가 인재를 배출한 오랜 역사와 전통을 지닌 학교이다. 또한 고창군민의 애국충정과 민족혼으로 세워진 곳이기도 하다[5]. 특히 민족 교육의 산실답게 학교 내부에는 「민족 교육 역사관」이 설치되어 있다.

---

4) 한국 일본연구 총연합회 『지역과 일본인』「기독교인의 삶의 실천하다-마스토미 야스자에몬과 그와 함께한 사람들」(도서출판 영한문화사, 2024), pp.266-267 참조.

5) 고창고등학교 홈페이지(https://school.jbedu.kr/gochang/M010201/)

민족 교육 역사관 전경

「민족 교육 역사관」내 기록되어 있는 「고창고등학교 민족 교육 역사관 설립 취지문」을 보면 이러한 고창고등학교의 정신이 뚜렷하게 나타나 있다.

현재의 고창고등학교는 1919년 일제강점기에 실의에 찬 청년들에게 애국충정(愛國忠情)과 흥학보국(興學報國)의 민족혼을 심어주기 위해 세워진 학교로 우리 역사 세우기 및 우리말 살리기 등의 민족교육의 장이었습니다. 일찍이 동문들은 당시 재직하시던 선생님과 동문선배님들의 독립·항일운동·한글교육의 사료를 체계적으로 갖춘 민족교육관 설립을 숙원사업으로 추진하였습니다. 그 결과 여러 동문님들과 지역유지들의 협심으로 2009년 6월 민족교육역사관 건립 예산(19억)이 교부되어 완성되었습니다. 이러한 민족교육역사관은 대대로 군민들과 후배들에게 민족교육의 산실, 인재 양성의 요람이 될 것입니다.

2011년 4월 14일(개교 92주년)

민족 교육 역사관 내 역대 교장 사진 제1대 마스토미 야스자에몬 (왼쪽 첫 번째)

2025년 현재 제101회 졸업생을 배출한 유구한 역사의 고창고등학교의 전신은 오산학당이다. 이 오산학당을 설립한 사람이 바로 마스토미이다.

마스토미는 1903년 친구인 구마모토 리헤이(熊本利平)와 함께 농업

민족 교육 역사관 내
고창고등학교 교기 및 교과서

이민을 계획하다가 러일전쟁이 발발하여 이를 중단하고 보급병으로 조선에 배치된다. 호남지역을 지나다 김제평야의 농지가 황폐하여 버려진 것을 목격하고 전쟁이 끝나자 1906년 7월 군산항으로 입국한다. 1907년 4월 3일에는 히가시노 데루코(東野照子)와 결혼 후, 군산에서 신혼 생활을 시작하고, 1909년 9월에는 김제 봉월리에 4만평에 이르는 농지를 구입하여 농장 경영을 시작한다. 이후 부인의 독실한 기독교 신앙에 영향을 받아 1910년 8월 세례를 받고 구령사업을 시작하기로 한다. 육영사업과 자선병원 운영을 기본 재단으로 과수원을 구입하기로 결심하고 사업할 땅을 찾아 매일 같이 조랑말을 타고 다녔다고 한다. 1911년 12월에 고창군 부안면에 있는 하오산 땅에 사과밭을 마련하였으며, 3,500그루 정도의 묘목을 서울 뚝섬과 일본에서 구입한다.

이후, 신학을 본격적으로 공부하기 위해 1912년 4월 마스토미는 일본 고베 신학교 본과에 입학하여 학업에 매진하였으며, 9월에는 자비로 양태승, 윤치병, 김영구를 고베 신학교에 유학보낸다.

사립 오산보통학교 가교사(1919년 4월 12일)

그는 1912년 11월 21일, 그는 임시로 마련한 가교사에 부안면이 흥덕군에 속해 있기 때문에 그곳에 연유하여 「흥덕학당」이라 이름을 짓고 소학교 교육 사업을 시작한다. 교사를 초빙하고 보통과 과목을 가르친다.

1917년 11월 30일에는 일본 고베 신학교에 유학 갔던 세 사람이 돌아오자 오산교회를 만든다. 1918년 2월에는 「흥덕학당」을 폐지하고, 1919년 3월 사천 평의 부지에 교사를 건축하여 1919년 4월 14일 사립 「오산고등보통학교」의 설립인가를 받아 정식 학교로 출범하였으며, 마스토미가 교장직을 맡는다. 처음에는 학생이 8명뿐이었으나, 점차 전문 선생님을 모셔 오게 되고 학생 수도 늘어난다6).

6) 고창중고등학교·고창중고 동창회 『고창중고 60년사』(정화인쇄문화사, 1982),

사립 오산보통학교 교사 (1920년 뒷줄 네 번째 마스토미 교장)

이렇게 하여 호남 지방 최초의 사립 중등 교육기관이 탄생하게 되었다. 오산고등보통학교가 바로 현재 고창고등학교의 전신이다. 이에 고창고등학교의 개교기념일은 고등보통학교의 인가를 받은 4월 14일이라고 한다.

고창고등학교의 창설에 관한 자세한 내용은 『고창중고 60년사』에서 확인할 수 있다. 1980년 4월 1일 정오 서울 을지로 천정우 사장실에서 6명의 고창고등학교 졸업생[7]이 모여 좌담회를 열었다.

pp.154-169.

7) 유진(2회) 전 서울 공대교수, 전 국회의원·이내범(3회) 정치인·조정만(4회)공학박사, 전 전북대 공대 학장·오희탁(11회) 농장경영·천정우(12회) 회사 경영·정성택(12퇴) 전 고창군 부안 국교 교장

개교 60주년을 맞아 학교 역사를 기억하기 위해 세 명의 노선배들을 모시고 이야기를 나눈 것을 기록한 것이다. 이 좌담회에서는 마스토미의 출생, 한국 입성, 기독교 귀의, 오산에 정착하기까지의 과정, 학교 창립 및 운영 등에 관한 이야기가 기술되어 있다.

마스토미 선생께서 육영사업에 착수하신 뜻은 진실로 아름다운 동기에서였다고 해야겠다. 개화 시 아니, 오늘날에 있어서도 미국 선교 재단이나 국내의 종교인들이 육영사업을 하는 동기는 종교인을 만들고 아울러 그 사업의 전도에 투신할 일꾼을 만들려는 동기에서 출발하고 있다. 학과 과목까지 성경 과목을 고집해서 비정규학교를 만들어 종교 신앙을 내세워 왔고 앞으로도 그럴 것이다. 그러나 선생께서는 당시 우리나라 교육은 너무나 낙후했고 특수층에게만 기회를 부여하였고 더구나 도시에만 집중되어서 보편화가 못 되고 문맹 그대로였음을 보시고서는 학교 교육이란 첫째로 건전한 한국 사회 건설에 이바지할 수 있는 일꾼을 만들고 아울러 진지를 터득하게 하는데 그 목적을 두셨기에 학교와 교회는 엄격히 구분되어 있었다. 이점이야말로 다른 데서 그 유례를 찾을 수 없는 위대성이라 하겠다. (중략) 소학교 과정에서는 선생과 교실이 문제여서 한 교실에서 1학년생에서 4학년생이 함께 앉아 공부하고 한 학기가 지나가면 옆줄로 월반하여 갈 수가 있었으니, 4년이란 거의 필요가 없었던 것이다. 중학교 과정에서는 영어 교사가 항상 문제여서 교장은 선생 사냥에 늘 바빴다. 양승태 교장께서는 교사 사냥꾼으로 서울에서도 이름이 높아 경계를 당하셨다니 그간의 사정을 알만도 하다. 영어 교사가 없어서 마스토미 교장이 부탁하여 총독부에 보낸 영어 교원이 보따리를 놓고 야반도주를 하거나, 모처럼 모셔 오면 실력이 있는 선생들은 시골 생활에 질려서 도주하고 실력을 과장하고 왔다가 들통나서 스스로 보따리를 싸가지고 가던가 아니면 스트라이크로 쫓겨 갔다니 학교 경영 당국도 어려웠겠으나 학생들의 곤욕도 무척 컸을 것이다8).

이와 같은 에피소드를 살펴보면, 마스토미가 고창의 학생들에게 얼마나 좋은 교육 환경을 제공하려고 애썼는지, 그리고 학교 운영에 얼마나 열정적이었는지 알 수 있다.

하지만 경제공황과 개인적인 가정사로 인해 교육 사업 운영이 어려워지자, 마스토미는 1921년 말에 결국 폐교를 결정한다. 그는 학생들이 피해 보지 않도록 전교생을 다른 지방 학교로 편입시키고, 학비와 여비 차액을 대신 내주기로 한다. 이 소식을 들은 고창 군수 천장욱과 고창군 내 일천 석 이상의 지주 13명이 돈을 모아 학교 폐교를 막으려고 한다. 또 학생들을 더 많이 가르치기 위해 현재 자리보다 군청 소재지로 옮기는 게 좋겠다는 의견이 나와 고창면 소재지로 학교를 옮기고 이름도 고창고등보통학교로 바꾼다. 이것이 지금의 고창고등학교다.

1922년 6월 13일, 학교가 고창으로 옮긴 뒤 마스토미는 교장을 맡고, 제자인 양승태를 교장 대리로 세운다. 우여곡절이 있었지만, 고창고등보통학교는 열정적인 교육 환경과 학생들의 뜨거운 학구열 덕분에 1924년 3월 10일 제1회 졸업생 7명을 배출하게 된다.

---

8) 위의 책, pp.170-178.

〈 1924년 제1회 졸업식 모습과 졸업생 명단〉

1924년 1회 졸업식(구 군청사에서)

제1회 졸업생

성명	출신지	학적사항
장덕수	고창군 부안면	오산학교 2년 수료. 3학년 편입
조영환	서울	중동학교 졸업. 5학년 편입
음무길	경기 연천군	중동학교 졸업. 5학년 편입
한덕이	경북 영주군	4학년 편입
김경순	평북 의주군	사립 양실학원 고등과 및 중동학교 졸업. 5학년 편입
김덕산	평양시 경창리	평양고 2년 수료, 중등학교 졸업. 5학년 편입
황영환	고창군 부안면	오산학교 2년 수료, 4학년 편입

이후 1931년 6월 24일, 마스토미는 고창고등보통학교의 교장과 이사직을 그만둔다. 사임한 뒤에도 가난하지만 우수한 졸업생에게 장학금을 주고, 일본 도쿄에 유학하는 학생을 매년 설날에 자신의 집으로 초대해 식사를 대접하였다. 또 기독교 신자인 유학생과 주변 사람들을 모아 매달 한국을 위한 기도회를 열었다. 이 모임은 1912년부터 1934년 사망하기 전까지 한 번도 빠지지 않았다고 한다9).

---

9) 고창중·고등학교 동창회 『고창중·고등학교 100년사』 (금성기획, 2020)

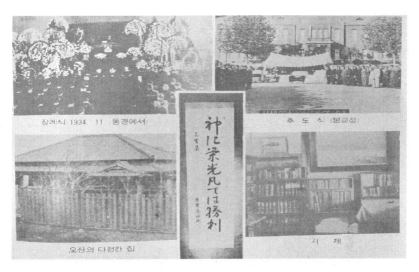

『고창중고 60년사』에 실린 마스토미 추모 사진

    1934년 7월에 한국을 방문하고 9월 28일 일본으로 돌아왔으나, 갑자기 병이 생겨 11월 6일, 55세의 나이로 세상을 떠났다. 그의 죽음에 많은 이들이 슬퍼했고 추모의 물결이 이어졌다. 사망 8일 만인 11월 14일에는 고창고등보통학교 교정에서 추도회가 열렸다. 여기에는 직원과 학생 360여 명뿐만 아니라 고창 군수 조춘원, 고창군 교육회 대표 구로카와, 고창군 면장 대표 김상구, 재단법인 고창고등보통학교 이사 대표 강대식 등 많은 인사가 참석해 마스토미를 추도했다. 21일 뒤인 11월 27일에는 도쿄에 사는 고창 출신 인사들과 유학생들이 추모식을 하였고, 1935년 4월 6일에는 월봉리 마스토미 농장에서도 추모식이 열렸다[10].

이는 교육자이자 인간으로서 마스토미를 존경하는 마음이 담겨 있고, 그의 죽음을 매우 아쉬워하는 마음을 보여준다. 『고창중고 60년사』에도 양태승을 비롯한 제자들이 쓴 마스토미 추도문11)이 실려 있는데, 그들의 마음이 잘 드러나 있어 짧게나마 소개하고자 한다.

작년 11월 6일 밤 뜻밖의 전보를 받았다. (중략) 전보를 펼쳐보니 마스토미선생께서 서거하셨다는 것이다. 무언지 알 길 없는 슬픔과 인생의 무상함과 잊을 수 없는 인정이 계속하여 가슴을 치고 에이는 비통이 북바쳤다. (중략) 선생을 회상살 때마다 충실하고 겸손한 한 인간상이 뇌리를 스치는 것이다. 선생의 생활을 요약하여 보면, 1. 일상적으로 기도하는 사람, 2. 바란 손이 하는 일을 왼 속에 알리지 않는 사람, 3. 개인 전도열에 불탄 사람, 4. 자기 사업을 남에게 말하지 않는 사람, 5. 사람의 단점을 보지 않는 사람, 6. 말수가 적은 사람, 7. 충실 겸손하고 봉사의 정신에 불탄 사람이었다고 생각된다. (후략)
6회 졸업생 김옥성

선생이 서거하셨다는 소식이 한국에 전해지자 선생을 알고 모르고 를 불문하고 모두 다 그 죽음을 크게 슬퍼한 이유는 무엇이었겠습니까? 평소에 선생께서 품으신 한국에서 성취하시려던 사명감이 그들에게 바르게 공감을 주었기 때문이었습니다. 전북의 벽촌 고창군의

---

10) 고창중고등학교 · 고창중고 동창회 『고창중고 60년사』 앞의 책, p.181-188.
11) 위의 책, pp.189-201.

인사들이 고창고등보통학교를 갖게된 것은 전적으로 선생님께서 주신 선물이었습니다. 고창고등보통학교만이 진실로 선생을 한국과 결합시킨 것이라고 해야 할 것입니다. 그 학교에 남긴 선생의 순결한 감화만은 몇 천, 몇 만의 청년을 정화, 훈도할 수 있는 영원 불휴의 보배일 것입니다. 당시 학교 기금 모금을 위해 촌락으로 돌아다니시던 선생님의 모습이 떠올라 새삼 논물을 금할 길이 없습니다. (후략)

전교장 양승태

3. 정리하면서

이상과 같이 마스토미의 교육자로서, 그리스도인으로서의 면모를 살펴볼 수 있었다. 우선 고창고등보통학교의 설립과 그 과정에서 마스토미가 보여준 교육에 대한 열정을 살펴보았다. 해방 후 일본인에 의해 세워진 이 학교는 총독부가 관리하는 공립학교에서 항일 독립운동에 가담했다는 이유로 퇴학당한 학생들을 받아들이기 시작했다. 그러면서 점차 민족 교육과 독립운동의 중심지로서의 역할을 담당하였다.

마스토미 뒤를 이어 교장이 된 양태승은 그의 기독교 신앙 정신을 이어받아 학교의 기본 이념으로 삼고 민족 독립과 애국심을 높이는 일에 힘을 쏟았다. 마스토미가 만든 든든한 방파제를 바탕으로 학생들이 애국심을 발휘하고 투철한 역사의식을 갖게 되었을 것이다.

　마스토미는 숨을 거두며 「神に光栄、凡ては勝利(신께 영광을, 모두가 승리)」라는 말을 남겼다고 한다. 이는 마스토미 인생을 한마디로 보여주는 것 같다. 그는 신의 영광을 위해 살려고 끊임없이 노력했고, 이를 통해 예수 그리스도의 이름을 높이려 했다. 마지막 유언을 남김으로써, 그는 자신의 모든 것을 교회와 사람을 사랑하는 데 바치며 소명을 다했음을 고백했던 것이다.

진주(晉州) 출신 김정부인(金貞夫人)으로 본
『보통학교 수신서(普通学校修身書)』

김 명 주

1. 머리말

근대가 되면서 학교라는 틀 안에서 도덕 교육이 이루어졌다. 교육 과정을 법령에 따라 시행하는 것은 전근대까지는 찾아보기 힘든 방식이다. 개인의 자유를 되찾으려 하던 근대인들의 고뇌는 깊어졌고 우리의 경우 상황은 더 복잡해졌다. 유교 이념을 실천 덕목으로 오랜 시간 사회 질서를 유지해 왔지만 개화기를 지나 신학제 제정에 따른 근대식 도덕 교육 즉 〈수신(修身)〉 교육이 실시되었다. 병합 후에는 '충량한 황국 신민의 육성'을 골자로 하는 〈교육칙어〉(1890)에 의거하여 조선총독부(朝鮮総督府)가 〈조선교육령〉(1911)을 공포했다. 무단정치에서 동화주의로 또 문화정치에서 국민총동원령 하의 군국주의로 정책이 변경되면서 교육정책은 수정되고 〈수신서〉도 5차례나 개정되었다.

【김정부인】1)

그 과정에서 조선인 인물들이 대거 채택되었다. 퇴계, 율곡과 같은 위인들과 이름 모를 서민 인물들이 12덕목을 실천하기 위한 방편으로 모델화되었다. 그 중 진주(晉州) 출신 김정부인(金貞夫人)이란 인물이 눈에 띈다. 조선총독부 편찬『보통학교 수신서(普通學校 修身書)』(이하 〈수신서〉) 즉 초등학교 교육과정 2~3기에 걸쳐 연속 채택된 것이다. 이에 그 행적과 수신서를 검토하여 수신 교육의 실상과 허상을 밝혀보고자 한다. 관련 자료는 많지 않다. 연대순으로는 먼저 김윤식(金允植)의 「묘갈명(墓碣銘)」과 2, 3기 〈수신서〉 두 권, 진주 공립제일보통학교에서 발간한『김정부인(金貞夫人)』2)이 있다. 그리고 최근 김동민 작가가 위인전 형식으로 저술한『꼼쟁이할매』3)에서 자세한 상황을 보충할 수 있다.

---

1) https://www.jinju.go.kr/02793/02261/06725.web
2) 晉州公立第一普通學校,『金貞夫人』, (朝鮮印刷, 1931)
3) 김동민,『꼼쟁이할매』, (신원문화사, 2009)

2. 김정부인의 행적[4]

김정부인(1848-1912)은 경상남도 진주군(晉州郡)에서 김유한(金裕漢)의 장녀로 태어났다. 본관은 김해(金海)로 이름은 미상이고 '정부인' 혹은 '진주꼼쟁이 할매'로 불렸다. 정부인이란 원래 태종 17년 (1417) 『경국대전(經國大典)』에서 현부인(縣夫人)으로 법제화된 칭호로 문무관 2품의 처를 봉하던 것으로 이후 개정된 것이다. 그런데 부인의 경우 오로지 자신의 공적만으로 54세(1897)에 고종(高宗) 황제로부터 받았다. 부인은 어려서부터 올곧고 지혜로웠다. 17세에 진주 내동면(奈洞面)의 경주김씨(慶州金氏) 김재권(金在權)과 혼인하지만 가세는 극히 기울어 있었다. 더욱이 재권은 혼인 몇 달 만에 집을 나가 6년간을 돌아오지 않았다. 그리하여 부인 홀로 개똥 소통을 주워 팔고 채소 행상을 하며 재산을 증식해 나가 26세 무렵 백석 이상의 부를 이루게 된다.

재산 증식의 비법은 근검절약이었다. 일명 '자린고비' 법으로 육식은 물론이며 생선조차 입에 대지 않았다. 하루 한 번 밥을 지어 두 번 조석으로 나누어 먹었다. 이와 관련하여 유명한 일화가 있다. 하루는 장터에서 고기를 보고 마음이 심히 동했지만 비싸서 대신 말린 정어리[5]를 샀다. 쪄서 정신없이 먹다 보니 하루 양의 밥을 다 먹고

---

4) 2장 행적의 대부분은 〈김명주, 「진주의 거만(巨萬)이 된 김정부인(金貞夫人)」, 「退溪學釜山研究院報162號」, (퇴계학부산연구원, 2024.12) pp.21-24〉에 의했다.

만 것이다. 이후 밥상에는 말린 생선조차 일절 올리지 않고 그 돈을
매일 저축하기로 한다. 평생 가마도 타지 않았다. 혼자 걸으면 될 일
을 두 사람 이상의 인력을 쓰는 것이 용납되지 않았다. 만년 진주 등
지 9개 군에 걸쳐 토지를 보유하고 경남 최고의 거만(巨萬)의 부를
이룬 후에도 그 약속은 지켰다. 주된 증식 방법은 토지 투자였고 거
기에는 나름의 철칙이 있었다.

> "제사용으로 쓰는 토지를 사지 말라. 제사를 받는 영(靈)에 대해서
> 송구하기 때문이다." "망하는 집안의 나머지 토지를 사지 말라. 가련
> 하기 때문이다." "공유물은 사지 말라. 문제가 일어나기 십상이다."
> "부정행위가 있는 토지는 어떤 경우에도 사지 말라." "돈을 빌려주고
> 이자를 붙여 남의 토지를 취득하는 것은 결코 하지 말라. 무정하고
> 원한을 사는 일이 된다."6)

단 한 푼이라도 살려 사용하라, 돈은 살려 써야 가치가 있다, 남의
피눈물 섞인 재산은 오래가지 못하는 법이라고 자손들에게 늘 훈계
했다. 또 평생 고리대금업에는 손을 대지 않았고 엄금했다.

시대를 통찰하고 사람 보는 눈도 있었다. 곤궁한 자는 측은지심으
로 구휼하고 그 재능도 살폈다. 사람됨만 보고 후원하여 농부로 상인

---

5) 『金貞夫人』에서는 '마른 정어리(干鰯)'(p.2), 『꼼쟁이할매』(p.66)에서는 '마른 조
기'로 되어 있다.

6) 『金貞夫人』(앞의 책)p.6, 필자 역

으로 성공하게 했다. 부인의 도움으로 부를 이룬 사람이 십수 명이 넘었다. 기부도 탁월했다. 그 실천이 가장 빛난 곳은 교육과 문화 사업이다. 당시 보통학교는 남학생만 입학이 가능했다. 이에 진주 제일 공립보통학교(현 진주중안초등학교)에 여성 교육을 조건으로 희사하여 여학급 교사를 짓게 했다(1909). 국내 최초 여성 초등교육이 실시된 것이다. 또 진주봉양학교(현 진주봉래초등학교)도 부인의 후원으로 근대식 사립 초등교육 기관으로 설립되었다(1910). 그 외 지방지의 효시가 된 「경남일보」에도 희사했다. 각지에 송덕비가 세워졌다. 한편 1909년에는 고종 황제가 부인과 자부 강씨(姜氏) 앞으로 비단 2필을 하사하기도 했다. 이를 본 중추원 의장 김윤식(金允植, 1985-1922)이 부인의 「묘갈명(墓碣銘)」을 다음과 같이 썼다.

> 곧고 신실함을 뼛속에 새기고 근검절약으로 저축하여 강인한 부인이 집안을 일으켰네. 곳간은 나날이 재물이 쌓여 모인 재물은 능히 베풀었네. 부자지만 한없이 인자했고 그 은혜가 곤궁한 집에 두루 미치었네. 명성이 구중궁궐에 미치어 영광스런 포상이 나라에서 내려졌네. 향리가 감동하고 자손이 대를 이어 그 아름다운 덕을 잊지 않고자 가산(駕山)의 묘비 그 옥돌에 곧고 탁월한 행적을 어긋남 없이 새겨 후세에 밝히 알리고자 하네.[7]

---

7) 『운양속집(雲養續集)』 제4권 「정부인 김해 김씨 묘갈명 병서(貞夫人金海金氏墓碣銘幷序)」), 필자 역

부인은 경술국치 직후 칠순의 나이에 타계했다.

3. 〈수신서〉 속 김정부인

부인의 행적은 사후 전국에 알려졌다. 그리하여 2기(1922- 1927)에 여성으로서는 처음으로 〈근검(勤儉)〉(권6)이란 단원으로 등장한다. 또 3기(1928-1937)에는 〈진취적 기상(進取の気象)〉(권5) 단원에서 다음과 같이 소개되고 있다.

> 이 같은 부인의 진취적 기상과 절약을 소중히 하는 마음은 결국 부인
> 을 진주 굴지의 자산가로 만들었습니다. 그러나 부인은 재산을 모으
> 기만 한 것이 아니라 늘 재산을 내놓아 향리의 공공을 위해 잘 헌신했
> 기 때문에 진주 면민은 비를 세워 길이 그 덕을 칭송하고 있습니다.8)

두 단원에는 광주리를 이고 행상하는 모습이 삽화로 곁들여졌다. 이에 전국에서 자료 요청이 쇄도하고 진주 제일공립보통학교는 1931년 그 일대기를 『김정부인』이란 소책자로 발간하여 교수자들의 참고서용으로 배부했다. 들머리에는 초상화와 묘소, 비석, 제각(祭閣) 사진이 편집되었다. 당시 학교에는 초상화도 내걸렸으나 항의로 이

---

8) 朝鮮總督府,「第六課　進取の気象」,『普通学校修身書　巻五』(朝鮮書籍印刷, 1933), p.14, 필자 역

내 내려졌다고 한다.

2기와 3기의 기술상 차이점은 세 가지 정도로 들 수 있다. 첫째 남편 김재권의 묘사로 2기에는 다음과 같이 극히 나태한 인물로 소개되고 있다.

> 남편은 6년 정도 지나 집에 돌아왔지만 빈둥빈둥 놀 뿐 아무 일도 하지 않았습니다. 하지만 부인은 잘 섬길 뿐만이 아니라 한층 뜻을 굳게 하여 열심히 농삿일을 하고 한편으로 장사를 하였으니 부인 26세에는 이미 연 수확 백석 정도 토지를 소유하게 되었습니다. (중략) 부인은 이처럼 재물을 모아 끝내 훌륭히 집안을 일으켰으며 또 훌륭히 공공을 위해 재산을 기부하여 세상 사람들에게 좋은 본보기 가 되었습니다.[9]

그러나 3기에는 재권의 내용이 일체 삭제되고 부인의 행적에만 집중한다. 둘째는 삽화이다. 두 삽화는 모두 흰 한복 차림에 짚신을 신고 채소 광주리를 인 모습으로 별반 차이가 없어 보인다. 다만 주변 민가의 초가가 2채에서 1채로 줄고 기와집이 늘고 있다. 또한 2기의 경우 전반적으로 풍경이 척박하다면 3기에는 비교적 여유로워진 분위기이다. 실제 시기는 1860, 70년대일 테지만 고증된 자료라기보다 각 〈수신서〉별 취지에 따른 느낌이다. 셋째는 단원명의 변경이다. 단원명이 2기에는 〈근검〉이다가 3기에는 〈진취적 기상〉으로 바

---

9)「第十七課　勤倹」,『朝鮮総督府　原文 上』(2006, 제이앤씨) p.295, 필자 역.

뀐다. 〈근검〉은 1기의 경우 황해도 곡산군(谷山郡)의 〈강호선(姜好善)(勤儉)이란 인물이 단원명으로 나왔다. 그리고 3기에 와서 다시 강호선으로 바뀐다. 그 역시 빈한한 집에 태어나 낮에는 나무를 하고 저녁에는 새끼를 꼬거나 하며 재산을 크게 모은 인물이다. 부인보다는 채택 빈도가 높고 2기에는 〈저축(貯蓄)〉 및 〈자선(慈善)〉으로 소개되었다.

한편 〈진취적 기상〉은 2기에는 충남 서산군(瑞山郡)의 이희열(李希烈, 1831-1918)(권5)이 소개되었다. 그 행장 역시 유사하다. 스무 살에 부친으로부터 세 마지기 정도의 논을 상속받았으나 남자란 모름지기 스스로 재산을 일궈야 한다고 부친에게 전답을 반납한 후 소작인으로 열심히 일하여 논 세 마지기를 구입한다. 또 소금 제조와 과수 재배에도 힘쓰고 양잠도 했다. 뿐만 아니라 조림 사업도 하며 이웃에 식목의 중요성을 가르쳤다. 3기에는 〈입지(立志)〉 편에 소개되면서 〈진취적 기상〉 단원을 부인에게 넘겨주었다.

4. 〈수신서〉와 조선인 인물

1기(1913-1921)에는 〈인물주의〉를 채택했지만 조선인은 소수이고 일본인이 3배나 많았다. 2기부터는 〈덕목주의〉로 전환하여 효행, 근로, 진취적 기상 등과 같은 단원명으로 변경되었다. 그리고 그제까지 보이지 않던 위인 퇴계, 율곡 등이 배정되어 '총 21개 단원에서

12명의 조선인이 등장한다. 하지만 3기에는 퇴계, 율곡의 빈도는 감소하고 대신 무당을 벌했다는 안향(安珦)과 문익점(文益漸)과 같은 고려의 인물이 등장한다. 인물수는 14명으로 2명이 증가했지만 단원수는 감소한다'.10) 부인이 소개된 권5를 보면 의좋은 형제(〈지성(至誠)〉), 허명(許明)(〈흥업치산(興業治産)〉), 서열녀(徐烈女) (〈조상과 가문(祖先と家)〉)와 같이 서민 인물들이 대거 등장하는데 특히 여성 인물 서열녀가 추가된 점이 이색적이다.

이 같은 조선인 인물 모델화는 게으르고 불결한 조선인상을 기초로 한민족을 개량할 목적으로 추진된 것이다. 일본은 '메이지 초기부터 조선인 이미지 만들기에 진력했다. 그 이미지는 야만, 흉폭, 불결, 까다롭다, 신경질적 외 8개 항목이었다. 수신서 전체에 걸쳐서도 불결 12회, 야만 9회, 게으름뱅이 3회, 독립심 없음 2회, 문약 4회 등등의 항목이 집계'되고 있다.11) 전술한 김재권의 묘사 역시 이러한 맥락에서 이해할 수 있다. 한편 퇴계나 율곡의 등장 역시 달가워만 할만한 일은 아니었다. 예를 들면 국사 교과서 교수자 지침에는 다음과 같이 기술되어 있다.

유학자 대표로서 이퇴계와 이율곡에 대해 약간 상세히 가르칠 것.

---

10) 김용갑·김순전, 「『普通学校修身書』의 '조선'에 관한 서술변화」, 『제국의 식민지 수신』(제이앤씨, 2008), pp.163-164, p.170
11) 김순전·명혜영, 「수신서에 나타난 조선인 묘사」, 『제국의 식민지수신』(앞의 책), pp.238-239

또 이퇴계의 행적과 관련하여 서원의 흥기 및 그 폐해에 관해 간략히 설명하고 이율곡의 행적과 관련하여 당파의 기원 및 정권의 분탈에 관해 설명하여 정치적으로 문란하게 한 배경을 이해하도록 할 것임.12)

나아가 〈수신서〉에서조차 '당시 조선은 안으로는 당파 분쟁으로 국내가 일치하지 못하여 정치가 부진하고 민심은 심히 피폐했다.'13) 라고 교육하고 있던 상황이었다.

이로써 총독부가 부인을 채택한 이유는 둘 정도로 가닥 지을 수 있다. 하나는 제국주의 건설 현장에서 근로와 식산흥업 등의 가치를 실천할 역군으로 기획된 것이다. 전술한『김정부인』에서도 그 의도는 잘 확인된다.

세상은 안일유태하게 흘러 이마에 땀흘려 생업을 꾸려나가는 미풍이 날로 혼탁해가는 것은 과연 한탄스럽기 그지없습니다. 근자의 세계대전의 영향은 더욱 극심하게 경제계나 사상계에 심각한 파란을 일으키고 우리는 이 양대 국난에 직면하여 어떻게 잘 대처해갈지 고심하고 있습니다. 우선 이를 타개할 만한 열쇠는 근검치산에 있다고 봅니다. 이 근로애호 정신을 기르는 일은 목하 급선무로 우리들

---

12) 朝鮮総督府,「李退渓と李栗谷」『普通学校国史教授参考書(朝鮮事歴教材)』,(朝鮮書籍印刷, 1926), p.138

13) 朝鮮總督府,「第Ⅱ期 卷五, 第二課 我が国(其の二)」,『朝鮮總督府 初等學校 修身書 原文 上』(제이앤씨, 2006), p.254, 필자 역.

교육의 임무를 맡은 자 한결같이 교육칙어 환발 40주년을 맞아 깊숙이 성지를 봉례하고 마음가짐을 새로이 하여 한층 지도계발의 임무에 매진하지 않으면 안 될 것으로 각오하고 있는 바입니다. 다행히도 우리 학교에는 고 김정부인이 있습니다.(서문)[14]

정확히는 부상한 식량문제에 있었고 토지개량 등을 통해 쌀을 증산시키기 위함이었다. 다시 말하면 무위, 나태, 부정직을 경계하는 조선인을 내세워 효율적으로 교육하려는 의도였다고 할 수 있다. 따라서 '조선의 산업육성 교육은 주로 농업이고 활동무대가 일본이 국제적이라면 조선은 집안이나 마을 단위에 그치고 말았다. 창의성이 미약하고 쉬지 않고 끊임없이 일하는 조선인상만 강조된 것이다. 일본인 인물들이 세계를 무대로 '창의성'이 부각되는 반면 조선인의 경우 김정부인(2기)과 같이 부의 축적에 그치고 말았다는 비판'[15]이 가능한 대목이다.

다음은 새 시대 여성상 만들기 프로젝트의 일환이었다. '새로운 사회에 주체적으로 대응하려 했던 조선인 여성들 사이에서 교육열이 고조된다. 근대 사회의 커다란 변화 지표 중 하나가 여성의 사회진출이었다. 3.1운동에서 보여준 힘은 여성의 사회적 각성의 계기가 되었으며 여성도 남성과 똑같이 나라의 장래와 독립을 요구하는 국민

---

14) 「はしがき」, 『金貞夫人』(앞의 책), p.1, 필자 역.

15) 서기재・김순전 「〈보통학교수신서〉를 통해 본 근대화 열망」, 『제국의 식민지수신』(앞의 책), p.448, pp.451-452

으로 자각하기 시작했다. 이를 배경으로 일본의 근로 교육은 식민지 정책에서 중요한 목표 중 하나였고 가정 밖에서도 일할 수 있는 여성의 힘이 필요하게 되었다'.16) 말하자면 근대적 현모양처(良妻賢母)라는 식민지형 여성 이미지 메이킹이 요구된 것이다. 전술한 서열녀 역시 가장의 부재 시 그 역할을 충분히 대신 해내는 바로 '일할 여성상'에 부합하여 채택된 셈이다.

> 16세에 백경국(白敬國) 집에 시집을 갔습니다. 집이 매우 가난한 데에다 남편이 집안을 돌보지 않아 생계가 어려웠습니다.(중략) 만약 내가 자신만을 위하여 이 집을 떠난다면 누가 백가의 조상님을 모시겠습니까 (중략) 이후 남편이 병사하지만 농사일을 열심히 하여 두 아들을 잘 양육하고 향리의 모범이 되었습니다.17)

2기까지는 가부장적 구조 속에서 남성 인물이 집안을 일으킨다는 전통적 성역할 분담이 주요 골자였지만 3기에는 여성도 집안을 일으키고 지켜나갈 수 있다는 데로 전환된다. 이 역시 집=국가라는 조선 총독부의 면밀한 기획 하에 주도된 것이다.

---

16) 김순전・장미경, 「보통학교수신서를 통해 본 여성 묘사」, 『제국의 식민지수신』(앞의 책), pp.306-317

17) 朝鮮總督府, 「第十三課 祖先と家」 『普通学校修身書 卷五』(앞의 책), pp.31-32

5. 맺음말

4기(1938-1941)부터는 조선을 병참기지로 만들고 내선일체 등의 3대 강령을 걸고 전쟁 수행을 목적으로 한 황국 신민화 교육이 강화된다. 조선인 인물은 부인은 물론이거니와 퇴계, 율곡마저도 자취를 감춘다. 나이팅게일 등 몇몇 서양 인물을 제외하고는 거의 일본인으로 충당되었다. 창씨개명으로 조선인 인물도 일본식 이름으로 등장하고 지역명도 일본식으로 탈바꿈되었다. 〈진취적 기상〉역시 일본 쪽 수신서의 간판 스타인 니노미야 손토쿠(二宮尊德)로 교체되었다. 5기(1942-1945)에는 국가총동원령 전시체제로 돌입하면서 황국신민으로서의 〈착한 어린이(ヨイコドモ)〉만들기에 열과 성을 쏟지만 그 원대하고 은밀한 기획은 패전으로 무산되었다.

경북 영양의 산골 소년, 서양화가가 되다 :

금경연(琴經淵, 1915~1948)과 일본인 교사들의 만남*

김 지 영

1. 들어가며

"아무튼 암흑은 양심을 마비시킵니다(兎角暗黒は良心をマヒするんデス)", "현상을 포착하여 본체를 밝혀라(現象を捕へて本体を窮めろ)", "인생 50년을 한 마디로 줄인다면 어떨까(人生五十年を一口に縮めて見たらどうだろう)".

여기 1937년 당시 대구사범학교에 재직 중이던 교사들을 재기발랄하게 그린 캐리커처와 그들의 특성을 표현하는 듯한 짧은 글귀들

---

* 이 글은 2023년 대한민국 교육부와 한국연구재단의 지원을 받아 수행된 연구임 (NRF-2023S1A5B5A16080866).

〈그림1〉 1937년 대구사범학교 심상과 제4회 졸업 앨범에 게재된 교사들
캐리커처, 금경연화백예술기념관 소장 (필자 촬영)

이 남아 있다(그림 1). 이 그림을 그린 이는 경북 영양 출신으로 동교
졸업생이자, 이후 보통학교 교사 겸 서양화가로 활동한 금경연(琴經淵,
1915~1948)이라는 인물이다.

금경연은 주로 경북 화단(畫壇)에서 활동하다가 33세의 나이에
요절했기 때문에 한국미술사에서 널리 알려진 인물은 아니다. 하지
만 조선총독부가 주최했던 '조선미술전람회'(1922~1944, 이하 '조
선미전')에서 5차례나 입선하였고, 특히 소수에게만 허락된 '특선'
도 한 차례 거두며 당시 지역 화단에서 전도가 유망한 화가 중 하
나였다. 이 글은 영양의 산골 소년 금경연이 신문물이었던 유화를
접하고 서양화가로 성장하기까지, 그 길목에서 만났던 두 명의 일
본인 교사와의 만남을 살피는 것이다.

2. 소년의 학업을 잇게 해준 만남: 영양공립보통학교 교사 다치미 쇼헤이(立見昇平)

1915년 영양군 수비면의 유학자 집안에서 태어난 금경연은 마을 서당에서 한학을 공부하다가, 1930년 영양공립보통학교 4학년에 편입했다. 영특하였지만 가정 형편이 넉넉지 않았던 그는 졸업후 상급학교 진학이 어려웠는데, 이 사정을 알게 된 담임 교사 다치미 쇼헤이(立見昇平)는 학비 부담이 적은 관립 대구사범학교 응시를 추천했다. 다치미를 통해 진학의 방도를 발견한 금경연은 당시 10:1을 넘나들던 높은 경쟁률을 뚫고 1932년 대구사범학교 심상과(尋常科)에 진학하게 된다.

교사 다치미에 대한 정보는 많지 않은데, 다만 총독부 관보에서 1928년 경성사범학교 '남자연습과(男子演習科) 갑(甲) 입학자' 명단에 같은 이름이 보이며, 시기상 동일 인물로 추정된다.[1] 경성사범학교에는 5년제 보통과와 1년제 연습과가 있었는데, 연습과는 보통과 수료자 혹은 그에 준하는 학력을 가진 자가 진학하는 곳으로서 단기간에 교원을 양성하는 속성 심화 과정이라 볼 수 있다. 다치미가 연습과 중에서도 '중학교 졸업자'만 응시할 수 있는 '갑조'

---

1) 「조선총독부관보」 제419호(1928. 5. 24), p. 246. 국사편찬위원회 한국사데이터베이스 조선총독부 관보 http://viewer.nl.go.kr:8080/gwanbo/viewer.jsp?pageId=GB_19280524_CA0419_006 (최종검색일: 2025. 1. 15).

에 입학한 사실로 보아,[2] 일본의 중학교를 마치고 조선으로 넘어 왔거나 혹은 조선의 중학교를 졸업한 식민자 2세였을 가능성이 있다. 어쨌든 당시 재조선 일본인 교사의 대다수가 일본의 사범학교를 졸업한 후 교원자격증을 취득한 상태에서 조선에 초빙되었던 것과는 달리, 그는 조선에서 양성된 일본인 교사였다고 할 수 있다. 1년 만에 경성사범학교를 졸업한 다치미는 1929년 대구보통학교 훈도로 초임 발령을 받았고, 1930~1933년에는 영양보통학교로 옮겨 근무하였다.[3] 바로 이 시기에 편입생 금경연을 만난 것인데, 보통의 사범학교 졸업 나이를 생각하면 다치미는 많아야 20대 초반의 열정 넘치는 젊은 교사였을 것으로 추정된다.

한편 금경연과 다치미의 인연은 사범학교 진학 후에도 이어진다. 아버지를 일찍 여읜 금경연은 당시 형의 지원을 받고 있었는데, 2학년 때 형이 갑작스레 세상을 떠나게 되면서 다시 학업을 중단해야 할 위기에 처했다. 그런데 영양에서 이 사정을 전해 들은 다치미가 학비를 송금해 왔으며, 졸업 때까지 형 대신 보증인이 되어

---

2) 1921년 개교한 경성사범학교는 보통과와 심화과정인 연습과가 있었고, 연습과에는 원래 보통과 수료자 외에 고등보통학교, 중학교, 실업학교, 사범학교 졸업자 혹은 일본의 현직 소학교 교원 등도 입학할 수 있었다. 그런데 1926년부터 연습과는 두 개 조로 분리되었고, 중학교 졸업자는 '갑조', 그 외는 '을조'로 구분하여 선발했다. 김광규, 「1920년대 경성사범학교 졸업생의 교직 생활」, 『한국교육사학』 제40권 제4호(한국교육사학회, 2018. 12), p.24.

3) 국사편찬위원회 한국사데이터베이스 조선총독부 직원록자료 https://db.history.go.kr/modern/search/searchResultList.do (최종검색일: 2025. 1. 15).

주었다고 한다.4) 현재 경북대학교 사범대학이 소장하고 있는 금경연의 학적부를 보면, 보증인 란에 1933년 사망한 형의 이름에 빗금이 그어져 있고, 그 옆에 '영양공립보통학교 훈도(옛 스승) 다치미 쇼헤이'라고 덧쓰여 있는 것을 확인할 수 있다.5)

금경연은 사범학교 3학년 때인 1934년 제13회 조선미전에서 〈양파와 능금〉이라는 수채화로 첫 입선을 거두며 학생화가로서 등단하였고, 이듬해에도 〈시가지(町)〉라는 작품으로 입선했다. 금경연은 이 〈시가지〉라는 작품을 학비를 지원해 준 다치미에게 증정했다고 전해진다.6) 한편 총독부 직원록에서는 1934년 이후 다치미의 기록이 확인되지 않는데, 금경연 유족에 따르면 금경연이 교사가되는 1937년부터는 월급의 일부를 다치미에게 매달 송금하여 갚아나갔으며, 선생의 타계 후에는 그의 미망인에게 송금했다고 한다. 이러한 정황으로 미루어 보아 아마도 다치미는 병환 등의 사정으로 1934년 즈음에 교직을 그만두고 1937년 이후 어느 시점에 타계한 것으로 보인다.

일찍이 부형(父兄)을 여읜 시골 소년 금경연이 역경을 극복하고

---

4) 권원순, 「연두빛 열정 금경연화백의 생애와 예술」, 『연두빛 열정-금경연 화백의 생애와 예술』(금경연화백예술기념관, 2003), p.58; 유족 금영숙과의 인터뷰를 통해 다시 확인함(2024. 8. 25).

5) 『연두빛 열정-금경연 화백의 생애와 예술』, 금경연화백예술기념관, 2003, p.49.

6) 권원순, 「연두빛 열정 금경연화백의 생애와 예술」 앞의 글, p.58; 유족과의 인터뷰(2024. 8. 25).

사범학교까지 진학하여 교사가 된 데에는 그 자신의 대단한 의지와 노력이 있었던 것이지만, 또한 학업 중단의 위기에 처했을 때마다 손을 내밀어 준 다치미라는 은사가 있었기에 가능한 것이었다.

3. '서양화가'를 꿈꾸게 해준 만남: 대구사범학교 미술 교사 다카야나기 다네유키(高柳種行, 1907~1964)[7]

금경연은 1932년 대구사범학교 심상과에 입학하여 1937년에 졸업했다. 이 학교는 미술 전문 교육 기관은 아니었지만,[8] 지역 화단의 발전에 적지 않은 역할을 한 곳이었다. "도화(圖畫) 등 직접 아동을 교도할 임무를 가즌 까닭에 색맹 가튼 것은 엄금하고 잇"다고 표명할 만큼,[9] 미술을 중요 교과로 인식하고 있었고, 지역 어린이들을 대상으로 한 '대구사범학교 전람회'라는 공모전을 개최함으

---

7) 이 장은 졸고 「1930년대 대구사범학교 사제관계로 보는 대구근대미술의 일 단면 -일본인 미술교사 高柳種行와 岡田清一를 중심으로-」, 『때와 땅:대구근대미술 1920s-1950s』(대구미술관, 2021)와 「금경연 해제문」, 『경북미술사 기초 연구』(경상북도, 2024)의 일부를 수정, 가필한 것이다.

8) 1923년 초등교원 양성을 위한 경상북도공립사범학교로 출범하여 1929년 관립으로 전환되면서 대구사범학교로 개칭하였다. 1929~1935년간 총독부는 전국 사범학교의 대대적인 폐쇄를 단행하여 경성, 평양, 대구에만 잔존시켰기 때문에, 이 학교는 전국 3대 사범학교의 하나로서 높은 위용을 떨쳤다. 5년제 심상과와 심화 과정인 2년제 연습과, 그리고 속성 과정인 1년 이하의 강습과가 개설되어 있었다.

9) 「대구입학시험문제에 대한 지상 좌담회」, 『조선일보』(1937. 3. 8).

로써 미술학도들의 성장을 자극하고 지역 화단의 외연을 넓히는데 일조했다. 경북 뿐 아니라 경남과 전북, 함남에서까지 미술학도들이 모여들었다. 대구사범학교 외에도 대구의 계성학교 등에서도 미술 교육이 활발했는데, 이 학교들은 대구 화단이 경성, 평양에 이어 3번째 규모로 성장하는 데 주요 동력의 하나였던 것으로 보인다.

〈그림 2〉 대구사범학교 미술 교사 다카야나기(앞줄)와 제자 금경연(뒷줄 오른쪽 첫 번째), 1934년(출처: 『연두빛 열정-금경연 화백의 생애와 예술』, 금경연화백예술기념관, 2003, p.57.)

미술을 전문적으로 배워본 적 없는 영양 출신의 금경연이 신문물이었던 '서양화'를 접하고 화가로서의 꿈을 꾸게 된 것도 대구사범학교 미술 교사 다카야나기 다네유키와의 만남 덕분이었다(그림 2). 갓 부임한 24세의 교사 다카야나기가 지도하던 미술반에 들어가 수채화와 유화를 배우게 된 금경연은 스케치 화첩을 손에서 놓지 않았고, 틈만 나면 기숙사로 달려가 그림을 그리다 종소리가 나면 헐레벌떡 교실로 돌아 올 정도로 그림에 매료되었다.10)

미술 교사 다카야나기에 대해 말하자면, 1907년 일본 규슈(九州)의 나가사키현(長崎県)에서 태어난 그는 근린의 사가현(佐賀県)에서 사범학교를 졸업한 후, 심상고등소학교 교사로 근무했다. 그러던 중 1928년 도쿄미술학교 도화사범과에 다시 입학했고, 1931년 졸업과 동시에 대구사범학교 도화 교사로 부임하여 이 학교에서 1945년 해방 때까지 14년간 근무했다.11)

일제강점기 조선에 건너오는 일본인 교사들은 조선총독부의 요청이나 모집에 의한 영입 혹은 초빙의 형태였는데, 특히 도화 교사들 중에는 도쿄미술학교 출신이 1910년대부터 건너오기 시작하여 자신의 동문들을 추천하여 오게 하는 등12) 그 수가 점차 증가했

---

10) 권원순, 「연두빛 열정 금경연화백의 생애와 예술」 앞의 글, p.56; 유만식, 「금화백을 생각함」, 『연두빛 열정-금경연 화백의 생애와 예술』(금경연화백예술기념관, 2003), p.83.

11) 高柳博, 『高柳種行画集』(佐賀印刷社, 2001). 이 자료는 대구미술관 박민영 학예사에게 제공받았다. 지면을 빌려 감사의 말씀을 전한다.

다.13) 1930년대 이후에는 일본에 각종 사립미술학교가 설립되면서 여러 학교 출신이 부임해 왔는데, 소수 정예만 입학할 수 있었던 관립 학교인 도쿄미술학교 출신자들은 일종의 엘리트 의식을 가지고 한반도 화단에서 기득권 계층을 형성해 간 것으로 보인다.

그러나 일본 화단에서 보자면 이들은 화가로서의 입지가 그리 탄탄했던 인물들은 아니었다. 그들 대다수는 경쟁이 치열한 일본 화단에서 화가로 등단하기보다는 외지인 조선에 와서 안정적인 봉급을 받는 교사의 삶을 선택한 인물들이었다. 특히 다카야나기는 도쿄미술학교에서 5년제 서양화과가 아닌 3년제 '도화사범과' 출신이었는데, 이 과는 단기간에 교원자격증까지 발부되는 곳이었으므로 전업 화가로서의 불확실한 미래보다는 안정적인 생계를 지향하는 학생들이 가는 경향이 있었다. 다카야나기는 도쿄미술학교 입학 전에 이미 교사로 일했던 전력도 있고 또한 굳이 도화사범과로 진학한 사실로 보아, 아마도 미술을 좋아하긴 하지만 생계를 분명히 책임져야 하는 입장에 있었던 것으로 보인다. 갓 미술학교를 졸업한 젊은이에게 가봉, 사택료 등 혜택이 보장되던 외지의 교사직은

---

12) 김주영, 「재조선 일본인 화가와 식민지 화단의 관계 고찰」, 『미술사학연구』233호(한국미술사학회, 2002), p.307. 초출은 『東京藝術大學百年史』第3卷(東京藝術大學, 1997), p.229이다.

13) 도쿄미술학교 졸업 후에 조선에서 교사로 근무한 사람은 1924년 10명, 1928년에 18명, 1940년 20명으로 계속 증가했다. 吉田千鶴子, 『近代東アジア美術留学生の研究—東京美術学校留学生資料—』(도쿄: ゆまに書房, 2009), p.103.

좋은 일자리였고,14) 특히 경제 상황이 넉넉지 않아 취직이 급선무인 이들에게는 더욱 매력적인 조건으로 다가왔을 것이다. 이러한 사정 때문에 다카야나기는 학창 시절 내내 붓을 놓지 못했던 제자 금경연이 전업 화가로서 그림에 뛰어들지 못하고 교사로 생계를 이어나가야 할 처지인 것에 깊이 공감했을지도 모른다.

다카야나기와 금경연의 관계로 돌아오자면, 앞서 말했듯 금경연이 조선미전에 첫 입선한 것은 3학년 때인 1934년의 일이었고, 다카야나기는 제자의 입선 소식에 기쁨을 감추지 못하며 수업 시간에 대대적으로 칭찬했고, 내성적인 성격의 금경연은 얼굴을 붉히며 바닥만 내려다 보고 있었다는 동급생의 증언이 남아 있다.15) 이듬해 금경연은 〈시가지〉로 두 번째 입선을 거두었고, 연속 입선으로 학교에서 큰 화제가 되었을 것으로 보인다. 당시 다카야나기가 가르치던 제자들 중에는 금경연에 이어 권진호, 강홍철, 김수명 등도 입선했기 때문에 다카야나기는 교사로서의 성취감과 보람에 고무되어 있었을 것이다. 이들 모두는 후일 대구 경북 화단의 주요 화가로 성장했는데, 그 중에서도 금경연은 다카야나기의 수제자로 꼽을 수 있다. 1936년 다카야나기가 주요 작가로 참가한 '남조선미술전람회'에는 당시 5학년 학생이었던 금경연이 신예 작가로서 이름을

---

14) 박찬승, 「일제하 공립보통학교의 일본인 교원 임용을 둘러싼 논란」, 『동아시아문화연구』 제75집(한양대학교 동아시아문화연구소, 2018), p.103.

15) 유만식, 「금화백을 생각함」 앞의 글, p.83.

올리고 있다.

　금경연에게 있어 서양화가의 꿈을 심어준 스승의 존재는 절대적인 것이었다. 서두에 제시한 교사 캐리커처(그림 1)를 보면, 왼쪽 하단에 크게 그려진 안경 쓴 갸름한 얼굴이 보이는데, 머리 모양이며 이목구비, 다소 큰 귀까지 다카야나기의 용모(그림 2)와 흡사하다. 그 왼쪽에는 "꽃을 피울지어다(花を咲カスベキ)"라는 시적인 글귀도 적혀 있다. 여기서 다카야나기는 화면 중앙에 위치한, 요직으로 보이는 중년 남성들과 함께 먼저 배치된 것으로 보이는데, 사실상 가장 크게 그려져 있다. 금경연은 간부도 아닌 젊은 미술 교사를 차마 화면 중앙에 그리지는 못했지만, 졸업을 앞두고 학창 시절을 되돌아 보았을 때 자신의 마음 속에 가장 크게 자리했던 스승의 모습을 이렇게 표현한 것으로 보인다.

　1937년 졸업과 동시에 안동보통학교 교사로 초임 발령을 받은 금경연은 1938~1940년 안동서부심상소학교로 전근하였는데, 교사 생활로 바쁜 와중에도 조선미전에 매년 입선하며 화가로서의 입지를 차곡차곡 다져 나갔다. 특히 1939년에는 안동 성소병원을 개성 있고 강렬한 붓질로 그려낸 〈붉은 건물〉(그림 3)로 특선을 수상하며 화제를 모았다.16) 특선은 소수에게만 주어지는 것이었고, 같은

16) 1934년 입선작 〈양파와 능금(葱・リンゴ等)〉과 1939년 특선작 〈붉은 건물(赤い建物)〉은 현재 조선미전 도록 도판으로만 확인되는데, 이 작품들이 현존한다면 근대미술사 연구에 많은 단서가 될 것으로 보인다. 작품 소재에 관련된 정보를 아시는 분은 유족 혹은 필자에게 제보주시면 감사드리겠다. 금영숙(금경연화

〈그림 3〉 금경연, 〈붉은 건물〉, 1939년 《제18회 조선미전》 특선(출처: 『朝鮮美術展覽會圖錄 18』, 朝鮮寫眞通信社, 1939, p.70.)

해 조선인 특선자는 심형구, 김인승, 김만형 등 일본의 미술학교를 나온 유학파들이 대부분이었는데, 금경연은 유일한 국내파이자 지역 화가로서 어깨를 나란히 한 것이었다. 금경연은 조선일보와의 인터뷰에서 "특선이라요?"라고 감격하면서 자신이 그림을 배운 것은 다카야나기 선생에게 교육받은 것이 전부라고 밝힌다.17) 그의 화업에 있어 다카야나기의 가르침은 기술적으로나 정신적인 측면에

백예술기념관 관장):kumyoungsuk@yahoo.fr   김지영(필자):gme-sme@han mail.net
17) 「"특선이라요?" 장거리 전화로 보내온 감격」, 『조선일보』(1939. 6. 2).

서 절대적인 것이었음을 알 수 있는 대목이다.

다카야나기와 만남으로써 형성된 금경연의 화가로서의 꿈과 정체성은 그의 가족 사진에서도 읽어낼 수 있다. 1937년경 초임 교사 시절에 찍은 것으로 보이는 이 사진에서 금경연은 노모와 부인, 갓난아기 딸과 함께 앉아 있다(그림 4). 이 자리에 그는 굳이 자신의 그림을 들고 와서 자신보다 앞세워 들고 있다. 사진 면적의 1/4이나 차지하는 이 그림은 마치 가족의 일원처럼 보인다. 당당하고 자랑스러운 표정을 짓고 있는 이 스물 두어 살의 앳된 청년의 모습에서 화가로서의 정체성을 얼마나 소중하게 여기고 있는지 느낄 수 있다.

안동에서 교사생활을 하던 금경연은 1940년 대구 인근의 경산으로 부임하여 다카야나기와 다시 친밀히 교류할 수 있음에 기뻐하였으나, 이내 곧 경주로 전근을 가게 된다. 4년 뒤, 1944년 고향 영양으로 돌아와 초등학교 교장으로 재직하던 중에 해방을 맞이했고, 그로부터 얼마 되지 않은 1948년 과로 누적과 폐결핵으로 인해 33세에 타계하였다.

한편, 대구사범학교에서 14년간이나 교편을 잡았던 다카야나기는 1945년 태평양전쟁 막바지에 군대에 징집되어 부대장의 초상화를 그리는 일에 동원되던 중에 일본의 패전을 맞았다. 같은 해 9월 대구사범학교 일본인 교원들의 탈출 계획 아래 간신히 식솔을 데리고 본국으로 돌아갔다.[18] 사가현으로 돌아간 그는 무일푼에서

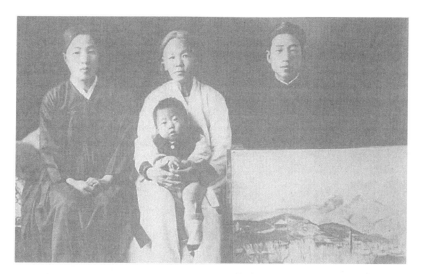

〈그림 4〉 금경연의 가족 사진, 1930년대 후반(출처: 『연두빛 열정-금경연
화백의 생애와 예술』, 금경연화백예술기념관, 2003, p.60.)

다시 시작하는 경제적인 어려움 속에서도 작품 및 교육 활동에 힘
쓰다가 1964년 57세를 일기로 타계하였다.

나오며: 같은 공간에 살았던 사람들의 인연

2024년 금경연의 유족과 다카야나기의 유족은 서로 연락이 닿
았다. 오랫동안 은사에게 감사 인사를 전하고 싶어했던 금경연 유
족 측의 마음을 알게 된 어느 일본인 연구자가 대신 다카야나기

---

18) 高柳博, 「高柳種行 略年譜」, 『高柳種行画集』 앞의 책, 쪽수 표기 없음.

유족에게 손편지를 쓰고 전화를 거는 등 성심껏 노력해 주신 덕분이었다. 2025년 여름에 양측은 다카야나기가 살았던 사가현에서 만날 약속을 해 두었다. 필자도 이 만남에 동행한다.

이 글은 마치 좋은 일본인들이 조선인을 도와주었다, 꿈을 이룰 수 있게 해 주었다 라는 내용으로만 보일 수도 있겠다. 그러나 궁극적으로 말하고 싶은 것은 한일 간에 아직 알려지지 않은, 많은 이야기들이 존재한다는 사실이다. 같은 공간에서 살았던 '사람들'의 인연, 그들이 맺고 있던 다양한 관계성 말이다. 우리에겐 고대하던 해방의 순간이 재조선 일본인들에게는 갑작스러운 인양(引揚)의 순간이 되었고, 정신 없이 현해탄을 건너가던 그 순간에 바다 밑으로 가라앉아버린 인연들의 이야기는 얼마나 많을까.

일제강점기 한반도에서 조선인은 식민자 일본인과 함께 생활하고 있었다. 양자의 관계성은 지배와 피지배, 차별과 저항, 억압과 대립이라는 도식적 구조로 인식되기 쉽지만, 실제 생활 공간을 공유했던 만큼 미시적 차원에서는 개인 간의 다양한 관계가 존재했다. 그것은 마치 모세혈관처럼 매우 촘촘하게 연결되어 있었다. 조금만 들여다 보면 조선인과 일본인은 어디서든 연결되어 있었고, 크든 작든 서로의 삶에 영향을 미쳤던 것이다.[19] 특히 근대화단에

---

19) 금경연이 1940~1944년간 경주에 머물렀던 시절에도 몇몇 일본인 교사들과 인연이 있었다. 계림국민학교 교사로 근무하던 금경연은 경주중학교 미술 교사로도 초빙되었는데, 당시 경주중 교장은 모리사키 구라지(森崎庫次)라는 인물로, 대구 태생의 식민자 2세이자 재조선 경험에 대한 속죄 의식을 기반으로 논픽션

는 금경연처럼 학창 시절에 그림에 입문했던 경우가 무수히 많기 때문에 그들의 미의식 형성 과정, 그리고 지금의 지역 화단이 형성된 단초를 찾기 위해서는 일본인 미술교사에 대한 연구가 필수적이다. 재조선 일본인의 존재 및 조선인과의 다양한 관계성에 대한 검토 없이, 조선인에 대한 연구에만 치중한다면 우리의 근대사는 반쪽짜리 자화상밖에 될 수 없을 것이다.

물론 개인 간의 관계라 해도 이 또한 제국과 식민지라는 불평등한 구조 속에 놓여 있었다는 사실은 결코 간과할 수 없다. 학비를 지원해주거나 그림을 알려주는 등의 선의 어린 행동도 때로는 제국주의 강화라는 대의를 향해 있었을 수도 있고, 인류애처럼 보이는 행동에도 식민자로서의 미묘한 우월 의식이나 선민 의식이 달라 붙기 쉬웠을 것이기 때문이다. 그렇기 때문에 우리가 취해야 할 태도는 '전제'가 되는 '구조'를 잊지 않으면서도, 동시에 모든 만남을 제국주의적인 성격으로 쉬이 치부하여 덮어버리고 싶어하는 습관의 덫 또한 경계하는 데 있을 것이다. 불평등했던 구조를 잊지 않으면서, 사람들 간에 존재했던 각양각색의 만남을 현해탄 바다

작가로 활동한 모리사키 가즈에(森崎和江, 1927~2022)의 아버지였다. 또한 금경연은 경주보통학교 교장 출신으로 당시 경주박물관장이었던 오사카 긴타로(大坂金太郞, 1877~1974)와도 인연이 있었다. 오사카의 후원으로 개최된 1943년《경주향토미술전람회》기념 사진에는 오사카와 함께 앉아 있는 금경연이 확인된다. 금경연이 경주 시기에 신라 고적을 주제로 한 제작에 열중했던 데에는 아마도 식민사관에 기초한 골동 취미를 지녔던 오사카의 영향도 있었으리라 짐작된다.

아래에서 끌어올리는 일은, 그동안 보지 못하고 지나쳤던 우리의 과거 한 구석을 알게 해줄 것이며, 그러고나서 그안에 섬세하게 침투되어 있던 제국주의에 대해서도 오히려 더 '정확'하게 구분하고 비판할 수 있는 안목을 갖게 해 줄 것이다.

부산 지역

- ◆ 안수현
- ◆ 주현희
- ◆ 김은희

'제국의 교실-조선의 일본인 학교와 교과서 속 이데올로기 문학'

안 수 현

교육은 단순한 지식 전달의 과정이 아니다. 특히 식민지에서 학교 교육은 지배의 논리를 학습시키고, 지배자의 사고방식을 형성하는 중요한 도구였다. 일본 제국주의는 조선을 통치하는 과정에서 학교 교육과 문학을 이용하여 제국의 정당성을 주입하고, 조선을 일본 문화 영역으로 동화시키는 전략을 펼쳤다.

본고는 일제강점기 부산을 중심으로 조선 내 일본인 학교가 단순한 학습 공간에 그치지 않고, 제국주의 체제의 정당화와 문화 지배의 수단으로 작용했음을 분석하는 데 초점을 맞춘다. 일본은 교육을 통해 조선 사회에 황국신민화(皇国臣民化) 정책을 추진하며,

교과서를 통해 일본의 가치관을 내면화하고자 했다. 조선 내 일본인 학교 설립 배경을 살펴보면, 자국민 자녀 교육을 위한 것이 아니라, 조선인에게 일본어를 강제하고, 일본의 역사와 문화를 교육하며, 궁극적으로 일본 제국의 이념을 정착시키기 위한 목적을 가진 것으로 명확해진다.

특히, 일본의 소학교와 중학교에서 사용된 문학 교육에 주목할 필요가 있다. 하이쿠(俳句)와 와카(和歌)와 같은 일본의 전통 시가는 일본의 자연관과 미학을 강요하는 방식으로 도입되었다. 일본 문학은 단순한 예술 감상의 대상이 아니라, 천황에 대한 충성과 일본 제국의 사명을 내면화하도록 유도하는 수단이었다. 교과서 속 일본의 역사적 서사와 문학 작품, 동화들은 조선과 일본이 하나라는 '내선일체(內鮮一體)' 이념을 강조하며, 식민지 지배를 정당화하는 기능을 수행했다.

그러나 일본 제국주의 교육이 조선 사회에 대한 완벽한 내면화로 보기는 어렵다. 강압적인 문화 동화 정책은 조선 내부에서 저항과 반발을 촉진하는 계기가 되기도 했다. 직간접으로 제국주의 학교에서 물리적인 일본어 학습이 이루어졌음에도 불구하고 조선인들은 일본이 주입하고자 했던 교육이념을 그대로 수용하지 않았다. 대신, 조선의 지식인들은 일본 제국주의 교육 시스템에 대한 체험을 통해 자신들의 정체성을 재확립하고, 저항과 탈제국주의 운동의 원동력을 키웠다.

따라서 일본 제국주의의 교육 정책이 조선 사회와 문화에 미친 장기적 영향을 추적하는 작업이 중요하다. 식민지 시대 학교 유산은 오늘날까지도 잔존하는 기억의 파편들을 통해 성찰할 필요가 있다. '제국의 교실'은 교육 공간이 아니라, 이념을 주입하는 장이었으며 동시에 그 이념이 한계를 드러내는 공간이기도 했다. 일본 제국주의 교육의 실체를 보다 면밀히 살펴봄으로써, 제국주의 교육의 허상과 궁극적으로 달성하지 못한 지배와 동화 양상을 파악하고자 한다.

1. 제국의 교실에서 시작된 문화적 지배

1-1. 일본 제국주의와 조선 내 일본인 학교 설립의 배경

조선 내 일본인 학교의 등장은 1876년 강화도 조약 체결 이후 일본인의 부산 거류가 본격화되면서 시작되었다. 초기 일본인 교육기관의 설립은 두 가지 주요 특징이 있다.

첫째, 일본 불교계, 특히 진종대곡파(眞宗大谷派)와 정토종(淨土

宗) 계열이 적극적으로 개입하고 후원하며 일본인 자녀 교육을 위한 기반을 마련했다. 일본 불교계는 교육을 통해 조선 내 일본 문화를 확산하고, 일본 거류민 사회의 결속을 강화하려는 목적을 가지고 있었다.

둘째, 일본인들의 자치 단체 성격을 가진 부산거류민회(釜山居留民会)가 주도적으로 교육기관을 설립했다는 것이다. 이는 조선 정부나 일본 정부의 직접적인 지원이 아니라, 외형상으로는 민간 차원의 자발적 학교 설립이라는 형태를 취했다는 점에서 의미가 있다. 하지만 실질적으로는 일본 정부와 긴밀히 연계되어 일본인 사회의 결속과 기반을 다지는 역할을 수행했다.

1880년, 일본인 자녀를 대상으로 한 최초의 교육기관인 수제학교(修斉学校)가 설립되었고, 1888년에는 부산공립학교로 확대되었다. 이어 1895년에는 부산공립소학교로 개편되며 일본 정부의 통제 아래 보다 체계적인 교육이 이루어졌다. 1905년 을사늑약 이후 일본인 이주가 급격히 증가하면서, 일본인 학교도 확장되기 시작했다. 1906년에는 부산 지역 내 일본인 교육기관이 분리· 확대되어 부산공립심상소학교(釜山公立尋常小学校), 초량심상소학교(草梁尋常小学校), 부산공립고등소학교(釜山公立高等小学校), 부산공립상업학교(釜山公立商業学校), 부산공립여학교(釜山公立女学校) 등 다섯 개의 학교로 나뉘어졌다. 이는 일본인 자녀 교육을 위한 조치 이상의 의미를 보여주었다. 일본인 사회의 확대와 함께 식민지 지배를 공고히 하기 위한 전략적 교육 기반을 마련하는 목적을 가지고 있었다.

한편, 조선에서도 근대적인 초등교육의 도입과 시행이 있었다는 사실을 간과해서는 안 될 것이다. 1894년 갑오개혁을 계기로 근대 국가 체제를 지향했던 개화파는 전통적인 교육 기관(성균관 · 향교 ·서원) 이외에 아동 교육의 중요성을 인식하게 되었다. 이에 따라 1895년 조선 정부는 '소학교령(小學校令)'을 반포하고 전국적으로 50개의 관립 소학교를 설립했다.

그러나 부산은 이러한 교육 개혁의 단비가 내리지 않았다. 당시 부산은 일본 거류민의 중심지였고, 일본인 학교가 이미 설립된 상황이었기 때문에 조선 정부의 교육 개혁이 미치지 못했다. 이로 인해 부산 지역 내 조선인 교육은 상대적으로 위축될 수밖에 없었고, 조선인 학생들이 일본식 교육 체제로 편입되는 결과를 초래했다. 조선 정부의 근대 교육 개혁이 전국적으로 추진되었음에도 불구하고 부산 지역은 일본인 중심의 교육 체제가 더욱 강화되는 방향으로 변화했다. 이는 이후 일본의 조선 교육 정책과 맞물려 조선인에 대한 차별적 교육 시스템을 정착시키는 계기가 되었다.

2. 일본인 학교의 교육과정과 문학의 역할

2-1. 일본인 학교의 교육과정 개요

일본은 조선에서 일본인과 조선인을 철저히 구분하여 교육을 시행했다. 일본인 학교에서는 본토(내지)와 동일한 교육과정을 운영하며, 일본 황실 중심의 가치관을 주입하는 데 집중했다.

일본인 학교의 교과 과정에서 가장 중시된 과목은 국어(일본어)와 역사였다. 일본 문화 정체성을 확립하기 위해 일본어 문법, 작문, 와카(和歌)와 하이쿠(俳句) 등 일본 문학 교육에 큰 비중을 두었다. 역사 과목에서는 천황가(皇室) 찬양, 일본 제국의 정당성 주입, 민족적 우월성 강조가 핵심 내용으로 다뤄졌다. 또한, 실용 중심의 교육과 함께 황국신민으로서의 도리와 천황에 대한 충성 교육이 병행되었다. 윤리(수신) 과목에서는 천황제 국가관을 내면화하도록 했으며, 지리 과목에서는 일본을 중심으로 한 세계관을 교육하여 일본 제국의 영토 확장 논리를 정당화했다. 소학교에서는 기초적인 일본어 교육과 함께 황국신민으로서 갖춰야 할 윤리관을 강조했고, 중학교에서는 보다 심화된 역사 교육과 함께 일본 문화에 대한 동경심을 심어주는 방식으로 교육이 이루어졌다. 특히, 문학 교육은 일본인으로서의 정체성을 강화하는 전략으로 적극적으로 활용되었다. 와카와 하이쿠와 같은 일본 전통 시가는 학생들에게 일본의 자연관과 미학을 주입하는 도구로 사용되었으며, 이를 통해 일본 문화에 대한 동경과 충성을 심어주고자 했다.

이와 같은 교육은 일본인 학생들에게 일본 제국의 정체성과 황국신민으로서의 역할을 강화하는 동시에, 조선인 학생들에게는 일본 문화와 국가에 대한 동화적인 접근을 유도하는 전략이었다.

2-2. 하이쿠를 비롯한 일본 시가 문학의 도입 과정

문학 교육은 일본 제국의 가치를 내면화하는 중요한 수단이었다. 조선 내 일본인 학교에서 일본 문학은 학생들에게 일본적 감각과 가치관을 습득하는 유용한 도구로 활용되었다. 소학교에서는 하이쿠(俳句)와 와카(和歌) 같은 일본 전통 시가를 암송하며, 이를 통해 일본의 자연관과 계절에 대한 표현 방식과 운율을 익히도록 했다. 예를 들어, 요사 부손(与謝蕪村)의 「茨野や夜はうつくしき虫の声」(가시풀 들녘 / 밤이 아름답구나 / 들리는 벌레 소리) 같은 작품을 학습하며 일본적 감수성을 자연스럽게 체득하게 했다.

이러한 문학 교육은 자연 감상에 그치지 않았다. 천황을 찬양하거나 일본 제국의 위대함을 강조하는 방향으로 변질되었다. 소학교에서 하이쿠와 와카를 암송하고 운율을 익히는 단계였다면, 중학교에서는 보다 심화된 문학 교육이 이루어져 일본의 사상과 문화를 내면화하도록 유도했다.

이 과정에서 일본 황실과 국가주의를 강조하는 문학이 필수적으로 포함되었다. 무사(武士)와 같은 영웅적 인물을 다룬 소설과 시가를 학습하며 전쟁과 희생의 미덕을 강조했다. 또한 일본 황실의 계보와 더불어 신토(神道) 이데올로기를 교육하여, 학생들에게 천황 숭배 의식을 심어주었다. 이처럼 문학 교육은 일본 제국의 가치를 내면화하는 강력한 수단으로 작용했다.

하이쿠와 와카, 일본 문학을 학습하는 과정에서 학생들은 일본적 감각과 문화를 자연스럽게 익혔다. 즉 일본 황실 중심의 국가주의적 이념을 문학 경로를 통해 학습하도록 설계된 문학 교육은 일본 제국의 가치를 내면화하고 황국신민을 양성하는 강력한 도구로 기능했다.

3. 교과서 속에 담긴 이데올로기와 지배 전략

3-1. 문학 텍스트의 기획

조선총독부는 특정 문학 작품을 선별하여 교과서에 수록했다. 이러한 교육 정책의 핵심 목적은 일본 제국주의 문화동화정책(文化同化政策)과 황국 신민화(皇国臣民化)를 달성하는 것이었다.

첫째, 에도 시대(江戸時代)의 승려이자 가인(歌人) 료칸(良寛, 1758-1831)의 와카를 들어 소박한 삶, 자연과의 조화, 어린이와의 교류 등을 주제로 부각하여 일본의 '순수하고 자연 친화적 삶과 평온한 정서'를 강조하는 문화동화전략이라는 점에 주목할 필요가 있다.

霞立つながき春日を子どもらと手まりつきつつこの日暮らしつ
(자욱한 안개 / 긴긴 봄날 속에서 / 공놀이하며 / 즐겁게 노는 동안
/ 어느새 날이 졌네)

조선총독부는 이러한 문학 작품을 학교 교육에 활용하여 일본 제국주의의 폭력성과 식민지 수탈의 현실을 은폐하고, 일본이 조선을 문화적으로 계몽하고 있다는 허상을 조성하는 전략을 펼쳤다. 1930년대 이후 본격적으로 시행된 황국신민화 정책의 핵심 목표는 조선인과 일본인의 문화적 동화였다. 겸허한 태도, 자연과의 조화를 강조하는 일본적 감수성을 료칸의 작품과 일본 황실이 강조하는 신토(神道)적 순응 정신과도 맞닿아 있었다. 왜냐하면 료칸의 문학은 기본적으로 저항적인 요소가 전혀 없었고 게다가 현실의 부조리를 비판하거나 정치적 성향을 띠지 않았기 때문이다. 그 대신 자연 속에서 소박하게 살아가는 삶을 찬양하며, 어린아이와 놀이하는 모습을 이상적인 가치로 설정함으로써 조선인의 비판 의식을 배제하고, 순응적인 태도를 내면화하도록 유도하는 교육적 도구로 활용할 수 있었다. 이는 1938년 조선총독부가 간행한 『교과서 편

찬 회보』에 따르면 「국어 교육은 (하략) 특히 국체의 정수를 밝히고, 국민정신을 함양하며, 황국의 사명을 자각하게 하여, 충군애국의 의지를 기른다 (하략) 国語教育ハ...特ニ国體ノ精華ヲ明ニシテ国民精神ヲ涵養シ皇国ノ使命ヲ自覚セシメ忠君愛国ノ志気ヲ養フ..」고 표명한 바와 같이 문학이 일본의 정신과 국체를 교육하는 중요한 수단으로 기능하고 있었음을 명확히 보여준다.

둘째, 쇼토쿠 태자(聖德太子)와 걸인으로 변신한 달마대사(達磨大師)가 주고 받은 증답가 형태의 와카이다. 『일본서기(日本書紀)』에 유사한 일화가 등장하지만 11세기 초에 성립된 『슈이와카슈(拾遺和歌集)』에서는 보다 문학적인 형태로 나타난다.

> しなてるや 片岡山に飯に飢て 臥せる旅人 あはれ親なし
> (빛나는 햇살 / 가타오카 산속에 / 굶주린 채로 / 쓰러진 나그네여
> / 부모 없는 신세여)
>
> いかるがや 富緒河の絶えばこそ 我が大君の 御名をわすれめ
> (영원하다는 / 도미오강 물줄기 / 끊긴다 해도 / 내 주군의 존함을
> / 어찌 잊으리이까)

첫째 와카는 굶주려 쓰러진 나그네에 대한 애도를 담고 있으며, 두 번째 와카는 주군에 대한 변함없는 충성을 표현하고 있다. 당시

쇼토쿠 태자는 불교적 자비심을 바탕으로 나그네를 애도하며, 동시에 황실의 권위를 강조하는 모습을 보이고 있다. 조선총독부가 국어 교과서에 쇼토쿠 태자의 와카를 수록한 것은 일본 제국주의의 문화 정책과 깊은 관련이 있다. 자국의 역사와 문화를 강조하고, 식민지 정체성의 약화와 지배국의 문화를 주입하여 지배를 정당화하고 영속화하려는 목적이었기 때문이다.

4. 제국의 교실을 넘어서

4-1. 일본 제국주의 교육 정책의 한계

일본 제국주의의 교육 정책은 일본의 역사와 문화를 내면화한 황국신민을 지향한 이데올로기적 기획이었다. 특히 학교 현장에서 일본 고전문학 텍스트는 이러한 교육 정책의 핵심 도구로 기능했다. 『고지키(古事記)』, 『만요슈(万葉集)』, 『니혼쇼키(日本書紀)』와 같은 문헌들은 문학 교육이 아니라, 천황제 이데올로기를 내면화하고 조선의 정체성을 약화시키는 수단으로 사용되었다.

그러나 문학을 통해 조선을 동화시키려는 시도는 근본적인 한계를 가질 수밖에 없었다. 필수적인 일본어 문법과 작문 뿐만 아니라 와카(和歌)와 하이쿠(俳句) 등의 전통 시가의 타력적 암송을 통해 일본적 감수성을 유도하는 방식으로 진행되었으나 이와 같은 일본

문학의 주입은 결과적으로 언어적 억압과 문화적 단절을 가져왔을 뿐, 일본이 의도한 '황국신민'으로의 전환을 완전하게 이루지는 못했다. 예컨대 제도에 의해 강제로 익혀야 했던 조선인의 일본어는 최종적으로 '자국어'로 수용되지 못한 저항의 외국어로 남았다. 일본 문학을 통한 동화 정책은 조선인들에게 억압적인 언어 경험을 강요했을 뿐, 완전히 일본 문화 속으로 흡수하지 못한 근본적인 한계를 지녔다. 일본은 조선의 정체성을 부정하기 위해 조선의 역사를 왜곡하고 일본 중심의 역사관을 강요했다. 『고지키』와 『니혼쇼키』를 통해 일본 천황은 신성한 존재이며, 일본만이 조선을 보호할 수 있는 숙명적 관계라는 논리를 주입했다. 일본 제국주의 교육의 핵심은 일본 문학을 통해 조선인을 일본의 정체성과 동일한 문화권으로 편입시키려는 시도였다. 일본 문학의 유입은 조선인의 삶과 동떨어진 이질적인 세계를 각성시키는 역효과를 가져왔다. 다시 말해 일본 문학을 통한 황국신민화 교육은 조선인의 일본 문화권 편입 시도와는 달리 양국의 문화적 괴리를 드러내는 결과를 초래했다.

4-2. 제국의 교실을 넘지 못한 일본 제국주의 교육 정책

일본은 황국신민 프로젝트의 일환으로 조선 내 일본인 학교를 중심으로 언어와 문학, 역사 교육을 철저히 통제하며, 조선 사회의 사상과 문화를 일본 제국의 이념 속으로 포섭하려 했다. 그러나 이러한 기획은 본질적인 모순과 한계를 내포하고 있었으며, 강제된 교육은 기대했던 효과를 거두지 못한 채 오히려 조선 사회 내부의 저항 의식을 촉진하는 결과를 낳았다. 일본어 교육은 조선 내 일본인을 비롯하여 조선인의 사고방식을 개조하여 제국주의 일본 문화권의 체계 안에서 길들이려 했다. 그러나 조선에서 일본어를 배운다는 것이 곧 일본인이 되는 것을 의미하지 않았으며, 이를 제국주의 모순적 논리와 식민교육의 부조리를 비판할 수 있는 역량을 갖추는 계기가 되었다. 일본의 역사 교육은 조선의 역사를 왜곡하고 일본 중심의 세계관을 강요하며, 조선을 일본의 연장선상에서 종속적인 존재로 규정하려 했다. 일본이 신화를 이용해 황국사관(皇国史観)을 주입하려 했지만, 그 과정에서 조선은 일본 역사의 허구성을 인식하게 되었으며, 오히려 역사적 저항 의식이 구체화되었다. 일본의 문학 교육은 일본의 문화적 우월성을 조선에 각인시키고, 일본 문화권 속으로 흡수하기 위한 전략적 도구로 활용되었다. 그러나 이러한 문학 작품들은 조선인의 정체성과 유리되었고, 현실과 동떨어진 내용이었기에 강제적인 학습은 오히려 문화적 이질감을 키웠다. 강요된 일본 문학에 대한 조선 고유의 정체성과 저항은 제국주의 일본의 문화 동화 정책의 실패로 이끌었다. 결국 제국주의 일본이 목표로 했던 황국신민화 정책의 핵심적 역할을 담당한 '제국의 교실'은 그 본질이 허상이었음을 드러냈다. 일본은 이 교실을 통해 일본 문화를 강제적으로 주입하고, 조선인들을 일본의 가치관과 이념으로 동화시키려 했지만, 이러한 시도는 조선인의 정체성을 약화시키는 대신, 문화적 이질감을 심화시켰다. 제국의 교실은 일정 기간 외형적인 성공을 보였으나, 조선 사회의 내면화 및 동화 정책의 한계를 여실히 드러내고 말았다.

〈참고문헌〉

稲葉継雄, 旧韓国における居留邦人の教育, 九州大学大学院教育学研究紀要. 3, 2001

朝鮮総督府, 『教科書編纂彙報』, 1938

中島実, 「日本精神と新読本の構成」『文教の朝鮮』, 1939

渡部 学・阿部 洋, 日本植民地教育政策史料集成 : 朝鮮篇, 1991

부산 근대 교육 기관의 형성[*]

주 현 희

1. 부산 최초 일본인 거류민 교육 기관, 부산공립소학교 (釜山共立小學校)

1876년 2월 27일 강화도조약이 체결되었고, '부산항 일인 거류지 조계 조약(釜山港日人居留地租界條約)'에 따라 부산항이 개항되었다. 개항 이듬해인 1877년 5월 1일 부산 지역 일본인 거류민 교육을 위한 부산공립소학교(釜山共立小學校)가 설립되었다. 일인회의소[1] 사무원 우에노 케이스케(上野敬介)를 주임으로 부청사(府廳舍)

---

* 이 글은 2025년 2월 12일 한국언어문화교육학회 제17차 국제학술대회 발표본을 수정, 보완하여 작성한 것이다.

1) 1876년부터 일인회의소를 설치하고 일본 외무성에서 관리관이 파견되었다.

아래 공립유치원 부근에서 일본인 아동 13명을 모아 독서, 산술, 습자를 가르쳤다.

　1906년 통감부 설치 이후 부산 지역 일본인 거류민은 더욱 급증하였으며, 일제는 이들이 내지인과 동일한 교육을 받을 수 있도록 교육 체제를 정비하였다. 급증한 학생들을 수용하기 위해 1906년 4월 부산공립소학교(釜山公立小學校)를 5개교로 분리, 확장하였다. 부산공립심상소학교(釜山公立尋常小學校), 초량심상소학교(草梁尋常小學校), 부산공립고등소학교(釜山公立高等小學校), 부산공립상업학교 (전신남자보습과)(釜山公立商業學校 前身男子補習科), 부산공립고등여학교 (전신여자보습과)(釜山公立高等女學校 前身女子補習科)가 신설되었고, 부산공립심상소학교는 부산공립소학교를 계승하였다.

〈표 1〉 부산공립소학교(釜山公立小學校)의 분리 및 확장(1906년 4월 기준)

학교명	위치	학급	학생수	직원수	교장명
부산공립심상소학교	대청정(大廳町) 4	18	905	22	다카하시 히로시(高橋 怨)
부산초량심상소학교	초량(草梁)	3	107	3	요네노 코타로(米野康太郎)
부산고등소학교	대청정(大廳町) 1	18	389	15	다카하시 히로시(高橋 怨)
부산상업학교	산하정(山下町)	3	74	8	하시모토 키이치(橋本基一)
부산고등여학교	대청정(大廳町) 4	3	87	11	다카하시 히로시(高橋 怨)
계	5개교	35	1,562	59	3명

　〈표 1〉에서 보듯이 이 시기 교육 수요의 급증으로 중등학교 2개교, 소학교 3개교가 동시에 설립되었다. 또한 경성, 인천보다 2년

앞서 유치원, 소학교, 중등교육 기관이 부산에서 설립되었다. 이처럼 부산 지역에서는 개항과 더불어 일찍부터 근대 교육이 태동하였다.

1908년 1월 9일에는 목도(牧島)에 부산거류민단립 부산심상소학교 분교를 설치하였다. 1910년에는 학생 수가 200명에 달하여 같은 해 4월 1일 부산거류민단립 목도심상소학교로 독립하였다. 교장 이와쓰 후지카즈(岩津藤一)와 직원 6명, 재학생 200명을 5학급으로 편제하였고, 1912년에 부산제4제공립심상소학교로 개칭하였다.

부산상업학교는 1906년 4월 1일 개교하였으며, 1907년 3월 제1회 졸업생 5명을 배출하였고 같은 해 7월 보수정(寶水町)에 교사를 신축하여 이전하였다. 1912년 5월 대신정(大新町)으로 이전하고 '부산공립상업전수학교(釜山公立商業專修學校)'로 개칭하였다. 1923년 '부산제1공립상업학교'로 설립 인가를 받았다.

1906년 4월 일본인 여학생의 중등교육을 위해 부산고등여학교를 부산공립고등소학교 내에 설치하였다. 당시 정원은 150명, 수업연한은 3년이었으나 이듬해 4년으로 연장하였다. 1909년 4월에 본과 외에 기예 전수과(技藝專修科) 2년 과정을 설치하였으며, 같은 해 6월 15일 토성정(土城町)에 교사를 신축하여 이전하였다. 1912년 4월 경상남도 소관이 되어 부산공립고등여학교로 개칭하였다. 1912년 본과에서는 수신, 국어(일본어), 역사, 지리, 수학, 이과(理科), 도화(圖畵), 가사, 재봉, 음악, 교육, 수예(手藝), 영어, 한국어, 체조 등을 가르쳤다. 기예 전수과에서는 수신, 국어, 수학, 가사,

재봉, 수예, 음악, 체조 등을 가르쳤다.

2. 부산 최초 조선인 초등교육 기관, 개성학교(開城學校)

　일어 보급과 신지식 교육의 필요성이 제기되면서 1895년 박기종(朴琪淙)과 지역 유지 4인(이내옥(李乃玉), 변한경(邊翰敬), 배문화(裵文華), 이명서(李命瑞))이 개성학교(開城學校)를 설립하였다. 이듬해 1896년에는 영주정(瀛州町)에 교사 6동을 신축하였다. 1899년에는 고관지교, 부산진지교 개설, 1900년에는 밀양개창학교, 동래일어학교, 마산포일어학교 개설, 1904년에는 경주계림일어학교, 기장일어학교를 개설하였다. 교육연한은 지교는 초등과 전기 3년이며, 그 외는 초등과 전기와 후기 12년이었다. 설립 당시 교원은 교장 아라나미 헤이지로(荒波平治郎)를 비롯하여 일본인 3명과 조선인 3명이었으며, 학생은 120여 명이었다.

　교과서는 문부성 인가 교과서와 한국 학부 편찬 교과서, 한문적(漢文籍) 등을 사용하였고, 일본어로 가르쳤다. 당시 섬유 산업 인재 육성을 위해 양잠(養蠶)과 제사법(製絲法) 등도 가르쳤다. 중등과 졸업자 중, 성적 우수자 10여 명이 일본 도쿄로 유학하였다. 유학생과 졸업생 중 일부는 관공서와 회사에 취직하였고, 그 외 실업 종사자가 70여 명 있었다.

　수학여행은 주로 일본 규슈지방으로 갔는데, 오사카 제5회 권업박람회(勸業博覽會)가 개최되었을 때 게이한(京阪, 교토와 오사카) 지역을 여행하면서 일본 문물을 견학하게 하였다.

〈사진 1〉 부산 개성학교 제1회 입학식(좌) 제5회 오사카권업박람회(우)[2]

개성학교는 학부의 보조금으로 운영하였으며, '한국민의 지식을 계발하고 도덕을 진보시켜 인재를 양성하는 것'을 교육 목표로 하였다.[3] 교육과정은 초등과, 중등과, 고등과의 세 과로 구성되었으며, 이후 초등과, 고등과(각 3년) 두 과로 개정하고, 초등과는 심상소학교 수준, 고등과는 중등학교 수준으로 하였다. 각 과에서 가르친 교과목은 다음과 같다.

2) 한국향토문화전자대전(http://www.grandculture.net); 搜抓(https://www.sohu.com).

3) 釜山府 釜山教育會『釜山教育五十年史』앞의 책, pp.69-70.

〈표 3〉 개성학교의 교육과정 및 교과목(1905년 기준)

과정	학과 교과목
초등과 전기 3학년(일본 심상소학교에 준함)	수신, 독서, 회화, 작문, 습자, 산술, 한문, 지리, 역사
초등과 후기 3학년(일본 고등소학교에 준함)	수신, 독서, 회화, 작문, 산술, 지리, 역사, 도화(圖畵), 습자, 한문, 체조
중등과 4학년(일본 중등학교 및 실업학교 정도에 준함)	윤리, 독서, 작문, 산술, 기하, 대수, 지리, 역사, 물리, 화학, 외국어, 문법, 도화, 한문, 법제, 경제, 부기, 상공대의(商工大意), 체조
고등과 2학년	경제학, 문학, 정치, 법률, 철학대의(哲學大意)

1909년 개성학교는 공립으로 전환되었으며, 1909년 4월 9일 공립부산실업학교와 공립부산보통학교의 두 개교로 개편되었다. 동래부윤 김장한(金彰漢)이 실업학교 교장을 겸하였고, 실업학교 학감 겸 보통학교 교장으로 후쿠시 도쿠헤이(福祉德平)가, 보통학교 교감으로 우에노 치쿠이쓰(上野竹逸)가 임명되었다.

개편 당시 학생 수는 고등과 약 30명, 심상과는 약 120명이었다. 고등과 1학년생은 시험을 쳤고, 2, 3학년생은 무시험으로 실업학교 1학년에 편입하였고, 심상과 3학년은 보통학교 4학년으로 편입하였다. 두 학교 모두 신입생을 모집하여 같은 해 6월 4일에 개교하였다. 공립부산실업학교는 개교 당시 학생 수 50명에 1학급, 직원 수 5명, 공립부산보통학교는 학생 수 223명에 4학급, 직원 수는 7명이었다.

〈사진 2〉공립보통학교 수공실습(좌) 사립여학교 유희체조(우)4)

3. 한일합병 이후 일본인 중등교육의 발전

1910년을 기점으로 부산 지역 일본인 거류민은 매년 평균
1,700명씩 증가하였으며, 취학 아동 수도 증가하였다. 1912년 4
월에는 제2소학교를 개설하였으며 8학급을 증설하였다. 1919년 4
월에는 제6소학교를 개설하였고, 이듬해 9월에는 제7소학교를 개
설하였으며 재학생 수는 4,340명에 이르렀다. 1923년 5월에는 부
산진 범일정(凡一町)에 제8소학교를 개설하였다.

당시 부산 지역에는 고등교육을 위한 중학교가 없었고, 이로 인

---

4) 朝鮮總督府學務局『朝鮮教育要覽』(朝鮮總督府學務局, 1928), p.41, p.87.

해 소학교 졸업생은 조선 유일의 중학교인 경성중학교에 지원해야
했다. 1913년 3월 29일 조선총독부 중학교 관제 개정에 따라
1914년 4월 1일 조선총독부립 부산중학교(釜山中學校)가 부산심상
고등소학교 내에 설치되었고 같은 달 20일 110명이 입학하였다.
1914년 11월 28일 초량동으로 이전하였고, 1925년 4월 1일 경상
남도로 이관되어 부산공립중학교로 개칭하고 1학년 3학급으로 개
편하였다.

　한편, 여학생 교육을 위한 고등여학교, 남학생의 실업교육을 위
한 실업학교와 상업학교도 신설되었다. 부산교육회5)에서는 1907년
5월 1일 부산상업학교 옛 부지에 부산실업야학교(釜山實業夜學校)
를 설립하였다. 교육과정은 초등과, 중등과, 고등과의 3학기제로,
1학기를 6개월로 하여 1년 반에 전 과목을 속성으로 수료하도록
하였다. 재학생 대부분이 상점 점원, 고용원, 급사 등으로, 야간에
공부를 하고, 낮에는 일을 해야 했다. 과목은 조선어, 국어(일본
어), 영어, 한문, 상업, 부기, 산술, 습자, 작문 등이었다. 개교 당
시 입학생 수는 200명이었으며, 이 중 142명이 졸업하였고, 10여
년간 810명이 입학하였고, 그 중 595명이 졸업하였다. 개교 이래
사카다 분치키(坂田文吉)가 10년간 교장을 역임하며, 청소년 실업

---

5) 부산교육회는 1907년 2월 창립되었다. 창립 당시 회원 수 246명으로 회원은 교
　육 관련자를 비롯, 일반 유력 인사까지 다양했다. 인격 수양과 사회교화를 위해
　명사 초청 강연, 통속강연, 운동회의 지도 후원, 실업야학교와 도서관 등을 운영
　하였다. (釜山府 釜山教育會『釜山教育五十年史』앞의 책, p.29).

교육, 보습교육에 힘썼다.6) 1915년 8월 〈사립학교규칙〉이 공포되면서 1916년 9월 말 폐교하였다.

1914년 3월 미시마 잇페이(三島一平)가 실업교육을 위해 설립한 사립부산실습여학교(私立釜山實習女學校)가 1915년 10월 인가를 받았으며, 1925년까지 졸업생 465명을 배출하였다. 1926년 4월에는 미시마여자고등실습학교(三島女子高等實習學校)로 개칭하고 수업연한을 4년으로 연장하였다. 1919년 5월에는 가시이 겐타로(香椎源太郎), 후쿠나가 세이지로(福永政治郎)가 부산상업야학교(釜山商業夜學校)를 설립하였다. 1926년 2월에는 부산상업실천학교(釜山商業實踐學校)로 개칭하고 주간 여자부를 신설하고, 야간 남자부의 학제도 '3년 2시간'에서 '2년 3시간'제로 변경하였다. 1925년까지 졸업생 91명을 배출하였으며 부산 지역 상업교육의 토대를 마련하였다. 한편, 1924년 5월에는 '공업 지식과 기능 교육'을 위해 부산공립공업보습학교(釜山公立工業補習學校)를 설립하였다. 수업연한은 2년이고, 12세 이상 심상소학교 졸업 이상의 학력자만 입학할 수 있었다.

---

6) 김예주 「식민지 시기 부산의 일본 기업인 사카다 분기치[坂田文吉]의 사회활동과 전기부영운동」『인문사회과학연구』 제21권 2호, (부경대학교 인문사회과학연구소, 2020), p.58.

4. 한일합병 이후 조선인 중등교육의 발전

조선총독부는 '시세와 민도에 맞는 교육'이라 하여 실업교육을 장려하고 실업학교를 확충하였다.[7] 이에 따라 1910년 설립된 부산실업학교는 학생 수 87명으로, 관립인천실업학교 160명에 이어 전국에서 두 번째로 많았다.[8] 1912년 3월, 제1회 졸업생 23명을 배출하였으며, 1920년대에는 학생 수가 격증하여 2부 수업을 실시하거나 강습과를 설치하였다. 부산보통학교와 부산진보통학교는 교사를 신축, 확장하였고, 1920년에는 사립 목도옥성학교를 공립으로

[7] 당시 많은 조선인을 실업학교에 입학시키기 위해 학부형 설명회를 실시하고, 보결 모집을 하였다. 교육 내용은 매우 부실하였는데, 교육 실습으로 수레를 끌고 행상을 하게 하였고, 학생들을 수 차례 상담하여 고급 관료가 아닌, 하급 실무직으로 취직시켰다. 『釜山敎育五十年史』에는 다음과 같이 기술되어 있다.
"도중 퇴학자가 매우 많았고, 일학기 동안에 여러 번 보결 모집을 하여 결원을 보충하였기 때문에 학교에서는 때로는 학부형회를 개최하거나 혹은 동래부교육회(東萊府敎育會)를 이용하여 강연 또는 환등(幻燈, 슬라이드)으로 실업 사상을 고취하려고 했다. 시대의 변화에 따라 학부형도 점차 실업교육의 필요성을 느끼게 되었고 중도 퇴학자도 점차 감소하고 입학 지원자도 매년 현저하게 증가하였다. 1911년 4월부터는 실습과의 일부 학생들을 교원 지도하에 수레를 끌고 행상을 하게 하였는데 처음에는 이를 주저하며 난색을 표했지만 점차 흥미를 느끼고 자진해서 하게 되었다.(중략) 졸업생들은 모두 실업계 취직을 희망하고 관리(官吏)를 희망하는 자가 한 명도 없었으나, 당시는 한일병합 직후였고, 산업이 아직 발전하지 않았기 때문에 졸업생을 희망대로 취직시키는 것은 매우 곤란하였다. 이들 졸업생을 그 희망대로 실업계로 취직시키지 못하면 발전된 실업 사상을 좌절시키는 것이 되기 때문에 학교 당국이 노력한 결과 겨우 전부 각자의 희망대로 은행, 회사, 상점 등에 취직시킬 수 있었다."(釜山府 釜山敎育會『釜山敎育五十年史』앞의 책, pp.88-89).

[8] 高橋濱吉『朝鮮敎育史考』(帝國地方行政學會朝鮮本部, 1929)

전환하였으며, 1922년에는 부민보통학교(富民公立普通學校)를 개설
하였다. 상업학교 역시 입학 지원자가 급증하여 1920년에는 모집
인원의 6배 이상이 지원하였다. 1923년에는 수업연한을 5년으로
연장하고, 교사를 신축, 이전하였다. 1922년 부산진상업학교로, 이
듬해 이를 다시 부산제2상업학교로 개칭하였다.

〈사진 2〉 부산공립상업학교 실습(좌) 미시마여자고등실습학교 재봉 실습(우)[9]

한편, 한일합병을 전후로 각 지방에는 사립학교가 발흥하였다.[10]
부산 지역에는 한문숙(漢文塾)을 개편한 사립육영학교(私立育英學校)
가 1908년 개교하였으며, 1909년 4월 인가를 받아 사립보통학교
(私立普通學校)로 개칭하였다. 1908년 5월 부산진부인회의 후원으로

---

9) 朝鮮總督府學務局『朝鮮教育要覽』앞의 책, p.65; 문화재청 비영리시민단체 우리
   얼채널(www.uriul.or.kr).

10) 일제는 1919년 690개교였던 사립학교를 1935년에는 406개교로, 23,556개
    였던 서당을 6,807개로 각각 공립학교로 전환하거나 폐교하였다. 이는 한국
    인 설립의 사립학교의 성장을 억제하고, 식민지교육을 본격화하기 위해서였
    다. (大野謙一,『朝鮮教育問題管見』(朝鮮教育會, 1936), p.279).

양정숙(養貞塾)이 개설되었으며, 1909년 9월 부산진보통학교 분교가 되었다. 한 지역 유지가 사립초량(草梁)학교를 설립하였으나 폐교하였고, 그 부지의 일부에 부산공립보통학교 여자부를 신설하였다. 서석주(徐錫籌) 등은 사립 좌천(佐川)학교를 설립하였으나 부산진보통학교에 합병되었다. 목도에는 1908년 8월 사립 옥성(玉成)학교가 설립되었으며 1911년에는 옥성여학교를 설립하였으나, 이후 남자부와 합병하였다.

1891년 호주 선교사 이사벨라 멘지스(Menzies Isabella, 閔之使)는 조선인 여학생 교육을 위해 부산진에 일신여학교(日新女學校)를 설립하였다. 개교 당시 소학과 3년 과정으로, 1909년 8월 사립학교 인가를 받고 고등과 3년 과정도 병설하였다. 1915년 8월 소학과, 고등과 수업연한을 3년에서 4년으로 증설하였다. 영주동에도 몇몇 여학교가 있었으나 곧 폐교하였다.

5. 근대 교육에서 현대 교육으로의 이행

부산 지역은 일본과 지리적으로 인접한 까닭에 예부터 많은 교류가 있었다. 일제의 국권 침탈 이후 부산 지역에는 일본인 거류민이 급증하였고, 일본인을 위한 근대 교육이 본격적으로 시작되었다. 일제 강점 하의 차별적인 교육정책 속에서도 조선인을 위한 근대 교육도 함께 태동하였다. 부산 지역민들은 조선인의 근대 교육을 위해 부산 지역 곳곳에 사립학교를 설립하였고, 일제의 교육 차별 속에서도 교육에 대한 열의를 잃지 않고 학업을 면면히 이어나갔다. 이러한 부산 지역 유지와 지역민들의 헌신적인 노력은 자발적인 근대 교육 이행을 위한 초석이 되었고, 이는 광복 이후 국가 재건을 위한 인재 육성과 국력 신장의 밑거름이 되었다.

근대적 실업 교육이 현대 산업 기술 발전으로 이어졌으며, 낮은 문맹률 덕분에 현대 교육 체제로의 전환 또한 빠르게 이루어질 수 있었다. 이 시기에 설립된 많은 교육 기관은 오늘날에도 현대적 형태로 계승되고 있다. 개성학교를 계승한 개성고등학교, 일신여학교를 계승한 동래여자중·고등학교, 부산진공립보통학교를 계승한 부산진초등학교는 일제 강점기 많은 독립운동가와 인재를 배출하였다. 또한 일본인 거류민을 위해 설립한 교육 기관들도 해방 이후 부경고등학교, 부산여자고등학교, 경남여자고등학교 등으로 그 명맥을 이어오고 있다.

일제강점기 근대 교육의 형성은 우리 민족이 가진 높은 교육열과 더불어 국권 침탈의 가혹한 시대 상황 속에서도 민족 교육 부흥에 힘쓴 국민의 강한 민족의식에서 비롯된 것이다. 이처럼 일제 강점 하의 척박한 대지를 뚫고 움튼 근대 교육의 싹을, 소중히 키우고 성장시켜 온 부산 지역민의 노력이 오늘날 부산 지역의 교육적 토대를 이루었다고 할 수 있다.

경남의 일본인 교사 조코 요네타로(上甲米太郎)와 '교육노동자조합사건'

김 은 희

1. 소설에 나타난 일본인 교사

이병주의 소설 『지리산』에는 다양한 일본인 교사가 그려져 있다. 그중 진주중학교 하라다(原田) 교장은 식민지 체제 안에서 조선인 학생들을 감싸다가 권고 사직 당하는 인물이다. 하라다는 이전 동래고보(東萊高普) 재직 시절 학생들의 동맹 휴교가 있을 때마다 학생 편을 들어 도(道) 경찰부와 대결했다. 또한 동맹 휴교 책임을 물어 퇴학 처분당할 위기에 처한 학생을 일본 내 중학교에 전학하도록 성의

를 다해 알선했다.[1]

전근한 진주중학교에서도 하라다의 태도는 일관되었다. 하라다는 교련 교관에게 일주일에 두 시간씩 배정된 교련 시간 외에는 교련 시간을 허용하지 않았고 학생들의 제복을 군국색으로 바꿔야 한다는 일부 교사들의 의견에 대해 '소년들은 되도록 예쁘게 길러야 한다'라며 봉쇄했다. 배속 장교가 졸업생 중 지원병으로 간 사람을 데리고 와서 격려하는 모임을 개최하자고 하는 것을 하라다가 거절하기도 하고 선배를 본받아 지원병으로 가겠다는 졸업생 세 명을 불러 '굳이 병정으로 가지 않더라도 나라에 봉사하는 길이 얼마든지 있다'라며 만류하기까지 했다. 군국주의 방향으로 나아가고 있는 시대 배경 속에서 이러한 교장의 태도는 용납될 리 없었다. 도지사는 하라다에게 충고한 후에 다른 학교로 전근시킬 생각을 가지고 있었던 듯 했지만, 군부의 힘을 업은 경찰이 가만있지 않았고 결국 교장의 권고 사직으로 정리되었다.[2]

진주중학교 하라다 교장과 같은 인물은 소설에서나 있을 법한 인물일까? 1931년 신문을 펼쳐보면 하라다보다 더 별난 경상남도 사천 곤명공립보통학교의 일본인 교장을 만날 수 있다.

---

1) 이병주 『지리산 1』 (한길사, 2019), pp.82-83
2) 이병주 『지리산 1』 앞의 책, pp.130-131

2. 1931년 8월 9일 신문 보도와 조코(上甲) 교장

「赤色敎員祕社事件 敎員共產黨終豫」 『조선일보』 (1931.8.9.), p.2
오른쪽 하단에 上甲米太郎 사진이 실려 있다.

1931년 8월 9일 일요일 『조선일보』와 『동아일보』 2면에 대대적인 보도가 실린다. '교원공산당 사건'으로 명명된 사건이다. 전날인 1931년 8월 8일 경성지방법원에서 치안유지법 위반으로 유죄 판결이 나고 언론보도가 해금(解禁)되자마자 기사화된 것이다. 『동아일보』에는 해당 사건의 「주범(主犯)은 上甲」라고 명기하였고 『조선일보』에는 '중심인물 조코 교장'이라며 그의 사진이 또렷하게 공개된다.

高麗博物館 編
『植民地・朝鮮の子どもたちと生きた教師
上甲米太郎』(大月書店, 2010)

조코 요네타로(上甲米太郎, 1902-1987)는 1921년 3월 경성고등보통학교 부설 임시교원 양성소를 졸업한 후 1921년 지원병으로 육군 입영, 1922년 4월부터 교단에 선다. 경상남도 함안공립보통학교(1922-24)에서 교사로, 합천 야로공립보통학교(1925-26), 곤명공립보통학교(1927-1930)에서 교장으로 근무하였다.3) 곤명공립보통학교 재직 시절 독서회를 통해 조합을 결성하려던 중 치안유지법 위반 용의로 1930년 12월 5일 교실에서 체포된다. 그의 재판 과정은 교원공산당사건4), 교육노동자조합사건5), 최초의 교원적화사건6)

---

3) 곤명공립보통학교는 1924년 4월 19일 설립 인가를 받고 같은 해 10월 16일 62명이 입학하였다. 1927년 4월 16일 6학년제로 학년이 편성되었고 조코는 2대 교장으로 1927년 3월 31일부터 체포된 날인 1930년 12월 5일까지 역임하였다. 1945년 곤명국민학교, 1996년 곤명초등학교로 교명이 개칭된다. 2012년 완사초등학교와 통폐합하여 경남 사천시 곤명면 완사3길 61로 이전하였다.

4) 「教員共産黨事件 公開禁止裡公判」『동아일보』(1931.11.3.), p.2; 「一九三一年 劃時期的朝鮮의 祕密結社運動」『조선일보』(1932.1.1.), p.13

5) 「教育勞組事件 兩名不服控訴」『조선일보』(1931.12.5.), p.2

등으로 명명되어 신문에 수차례 보도되었다.

조코가 체포되기 며칠 전 경성사범학교 5학년에 재학중인 조판출이 검거된다. 그는 조코가 함안공립보통학교에서 가르친 제자이다. 조판출이 검거된 후 관련 인물들이 체포되는 중에 조코가 주동자로 잡힌 것이다. 조코는 이 사건으로 징역 2년, 집행유예 5년의 판결을 받고 서대문형무소에 수감된다.

예심 종결 직후인 1931년 8월 9일 『동아일보』에 게재된 사건 개요를 살펴보자.

> 현재의 교육제도를 부인하고 공산주의적 무산교육사상을 고취하야 보통학교 교장과 사범학교 학생들 사이에 횡단적 교육로동자조합(敎育勞働者組合)을 조직하얏든 사건은 조선교육계에 잇서서 처음 보는 큰 사건으로서 작년 가을 경긔도 경찰부에서 검거하야 경성지방법원 검사국을 거처 예심에 회부되어 이래 심리중이든바 八일 예심이 종결되어 동법원 공판에 회부되는 동시에 당국으로부터의 게재금지도 해금 되엇다
>
> 사건의 관계자들은 전부 다섯 사람으로서 모다 귀소되엇는데 그 씨명은 알에와 가트며 예심으로부터의 긔소는 치안유지법 위반 제二조이라고 한다
>
> ▲東京府下東中野一七三 自由學院 敎師 山下德治(四〇)
>
> ▲東京市神田区今川故事小路二ノ四 新興敎育研究所 事務員 四村節三(二五)

---

6) 「敎育勞働者組合 明日第一回公判」 『조선일보』 (1931.11.2.), p.2

▲慶南泗川郡昆明面松林里 昆明普通學校 校長 陸軍步兵少尉 上甲米太
郎(三○)

▲本籍 慶南咸安郡 京城師範學校生 趙判出(二○)

▲京城師範學校 生徒 菊池輝郎(一九)[7]

기소된 사람은 총 다섯 명이다. 조코 외에 『신흥교육』 발행 관계자인 야마시타(山下德治)와 니시무라(四村節三), 경성사범학교 학생 조판출과 기쿠지(菊地輝郎)이다. 인용문에 이들이 "현재의 교육제도를 부인하고 공산주의적 무산교육사상을 고취"하였다는 기록이 있으며 치안유지법 위반 제2조라고 명기하였다. 같은 지면에 실린 조코의 평소 행적을 살펴보자.

> 實踐에 注力/ 敬仰을 集中/ [無産學童 積極 援助] / 上甲校長의 平素 行動
> 상갑미태랑(上甲米太郎)(二八)은 대정 구년 삼월에 애원현 대주중학교(愛媛縣大洲中學校)를 졸업하고 익년에 조선에 건너 와서 경성고등보통학교 부설림시교원양성소(京城高等普通學校附設臨時教員養成所)를 졸업한 후 함안(咸安)공립보통학교와 협천군[8] 야로(陜川郡冶爐)공립보통학교의 교장(校長)을 력임하고 소화 이년 삼월부터 작년 겨울까지 곤명(昆明)공립보통학교 훈도 겸 교장(薫陶兼校長)으로 잇

---

7) 「教育勞働者를 網羅 橫斷組合結成陰謀」『동아일보』(1931.8.9.), p.2 菊池輝郎의 '池'는 '地'의 오기(誤記)이다. 1931년 11월 2일 『조선일보』 기사에는 菊地輝郎로 바르게 표기되어 있다. 이하 인용한 신문 기사의 한글 표기는 원문을 따르며 띄어쓰기는 해독 편의를 위해 현대어 기준으로 한다.

8) 현재의 합천군

선는데 작년 이래 상갑(上甲)은 함안(咸安)보통학교 훈도 시대의 수
제자로 경성사범 연습과(京城師範演習科)에 재학중이든 전긔 됴판출
(趙判出)을 사상적(思想的)으로 지도하는 외에 물질적(物質的)으로도
원조하얏다 그리고 자신은 사회운동에 종사할 것을 선언하얏스며
〈로서아〉교육에 특별한 흥미를 가지고 공산주의 ××의 필요를 론하
고 〈쑤르조아〉 교육제도를 비난하야 오면서 그의 사상의 일부를 실
현하기에 항상 노력하얏스니 곤명보통학교에서는 오학년과 륙학년
의 수신(修身) 력사(歷史)와 일학년 급 삼학년에게 절대적 경앙을 밧
고 면화강제판매(棉花强制販賣)에 반대하며 졸업생 취직(就職) 주선
에 유력하야 부산직업소개소(釜山職業紹介所)에 만흔 학생을 구직
알선하얏고 특별한 〈에피소트〉로는 곤명학교 생도 일백팔십 명 중
에는 농촌의 빈한한 가정의 아동들임으로 춘궁긔에는 아침 한째도
먹지 못하고 학교에 오는 생도가 만헛다는데 상갑 교장은 백여 원의
월급으로 이삼십 원의 생활비를 제한 나머지 돈으로 학교 취사장(炊
事場)에서 죽(粥)을 맨드러 가지고 먹지 못한 무산 아동에게 한 사발
식의 점심을 주어 교수를 밧게 하얏다고 한다[9]

인용문에 조코와 조판출의 관계가 서술되었는데 함안보통학교 재
직 시절 조판출의 교사였을 뿐만 아니라 물질적으로도 조판출을 원
조하였다고 한다. 조코의 평소 행적을 보면 부르주아 교육제도를 비
난하며 그의 사상 일부를 실현하기 위해 노력한 예시로 졸업생 취직
주선에 힘써 많은 학생을 부산직업소개소에 구직 알선한 점, 월급 백

9)「實踐에 注力 敬仰을 集中」『조선일보』(1931.8.9.), p.2

여 원 중 이삼십 원을 제한 나머지로 굶고 다니는 학생들에게 죽을 끓여 점심을 제공한 점이 나타나 있다. 오늘날 보기에는 미담으로 보일 수 있지만, 당시로써는 이러한 행적을 치안유지법에 저촉되는 사안으로 해석하여 공판에 회부되었다는 사실에 주목할 필요가 있겠다.

동일자 신문에 결의문이 실려 있는데[10] 현 자본주의제도가 불합리하다는 것, 식민지 조선에서 일본인 교원이 받는 육할 가봉(加俸)을 반감(半減)하고 조선인 교원의 봉급을 늘리는 증봉(增俸) 주장 등이 포함되어 있다. 일본인인 조코가 자신의 월급을 삭감하는 대신 조선인 교원의 월급 증봉을 주장한 것이다. 이는 식민지 체제하에서 일본인과 조선인 교원 간의 구조적인 차별을 직시하고 시정을 요구하는 것으로 볼 수 있는데 치안유지법 제1조에 저촉되는 근거로 작용하였다.[11]

---

10) 교육로동조합조선지부의 결의문은 아래와 갓다 不合理한 現 資本主義制度는 歷史的으로 崩壞의 過程에 잇서 共産主義는 이미 ××의 問題이다 我等 敎育者는 敎育勞働者組合을 結成하야 ××運動의 一部門을 擔當하지 아니하면 아니된다 그러나 이 ××實行은 中央에 確乎한 中心勢力을 必要로 한다 (中略) 同組合이 成立되는 時에는 綱領中에 朝鮮의 特殊性에한 日本人 敎員 六割 加俸을 半減하고 朝鮮人 敎員의 增俸을 主張할 것이며 運動 發展의 前提로써 雜誌 新興敎育의 購讀을 勸誘하고 組合의 準支部 並班 或은 讀會를 組織케 할 것이다.「朝鮮支部 決議文」『조선일보』(1931.8.9.), p.2

11) 치안유지법은 1925년 제정 및 시행되었고 제1조에서 제7조까지로 구성된다. 제1조는 다음과 같다. 제1조 ①국체를 변혁하거나 사유재산제도를 부인하는 것을 목적으로 결사를 조직하거나 이에 가입한 자는 10년 이하의 징역 또는 금고에 처한다. ②전항의 미수죄는 벌한다.

「교육노동자조합사건 판결」(1931.9.15.) 증거물 중 조코가 조판출에게 쓴 편지에 "조선에서의 교원에게는 현재 생활이든 무엇이든 불안(不安)이 없다. 그래서 조합(組合)이라고 하면 이상한 사람으로 여기는 듯 하다. (중략) 부자연스러운 사회 메커니즘을 폭로해야 한다"[12]라는 서술이 있다. 이어 조코는 조선에서 직물기까지 빼앗고 대신 고가(高價)의 오사카제(大阪製) 면직물을 사라고 강요하여 문제가 되고 있는 점, 쌀이 헐값인데도 굶고 있는 사람이 증가하여 점점 쌀이 남아도는 악순환 등 농촌에서 이루어지고 있는 강압적이며 경제적인 수탈 실태를 묘사한다. 이를 볼 때 조코가 지역의 조선인이 처한 상황을 구체적으로 파악하고 문제로 인식하였음을 알 수 있다. 자본주의제도의 불합리성을 직시하고 일본인 교원의 가봉 반감 및 조선인 교원의 증봉 주장, 몸소 행한 나눔과 실천이 식민지 체제에 균열을 내는 위험한 사상, 즉 '국체를 변혁하거나 사유재산제도를 부인하는 것'으로 해석되었음을 추정할 수 있다.

---

12) 「教育労働者組合事件の判決」『植民地・朝鮮の子どもたちと生きた教師　上甲米太郎』(大月書店, 2010), p.158

3. 1931년 11월 2일 공판 중 일반방청 금지되다

「赤化教員祕密結社 教育勞組公判開廷」『조선일보』(1931.11.3.), p.2
피고인이 출정하는 뒷모습을 실었다.

1931년 11월 2일 오전 10시 경성지방법원에서 金川 재판장 주심과 森浦 검사, 李仁, 太宰 변호사 입회하에 개정(開廷)되었다. 도쿄(東京)에서 山下 부인이 왔고 다수의 방청자가 있었으며 특별 방청석에는 총독부 경무국 간부 경성사범학교 渡辺 교장과 시내 중요한 각 일본인 학교 교원 군사령부 등 각 방면의 고등관 수십 명이 참석하였다.13) 당일 피고인이 출정하는 모습이 익일 『조선일보』에 「교육노조사건 피고 출정 광경」이라며 게재된다. 방청자와 신문 보도를 볼 때 당시 세간의 관심이 집중되었음을 알 수 있다.

13) 「教員共産黨事件 公開禁止裡公判」『동아일보』(1931.11.3.), p.2

피고인 중에는 전라남도 담양에서 출생한(1913.2.27.) 재조일본인 2세 기쿠지(菊地輝郎)가 포함되어 있었다. 기쿠지의 아버지는 함경북도 모 보통학교 교장이다. 기쿠지는 1925년 3월 청진심상소학교를 졸업한 후 같은 해 4월 경성사범학교에 입학했다.14) 조판출과 기쿠지 모두 경성사범학교 학생으로 수학여행 때인 1930년 10월 26일 진주 아사히여관(旭旅館)에서 조코와 만났는데 이것이 치안유지법 제2조에 따라 '협의'로 간주되었음을 추정 가능하다.15)

수감 당시 趙判出(左)과 菊地輝郎(右) (출처:국사편찬위원회)

조코에 대해서는 식민지 조선에서 쓴 일기와 딸, 아들의 기록, 관련 선행연구16)가 남아 있지만, 기쿠지에 대한 기록을 찾기는 쉽지

---

14) 「敎育勞働者組合事件の判決」 앞의 책, p.149

15) 「事件의 梗概」 『동아일보』 (1931.11.3.), p.2

16) 「上甲米太郎に関する文献リスト」 앞의 책, pp.97-98 참조.

않다. 1931년 11월 3일 『동아일보』에 기쿠지의 심리(審理) 기록이 다음과 같이 일부 공개되어 있다.

재판장=피고가 그와 가튼 주의를 가지게 된 동긔는 어써한가
국지=나는 현재의 사범교육이 결함이 잇다고 본다 사범학교 四년 재학 시대에 자조 활동사진을 구경하고 엇던 영화의 비판을 써서 경성일보 지상에 발표하자 모 씨는 이 비판에 대하야 쌈조아지 령역을 버서나지 못한 인식 부족이라고 반박을 햇슴으로 이에 자극을 바더 더욱 주의 학설을 연구햇다
재판장=사범학교 긔숙사에 잇스면서 그러케 자조 활동사진관에 출입할 수가 잇섯든가
국지=사범학교 긔숙사란 곳은 하급생에 대해서는 감독이 엄밀하되 상급생이 되면 얼마간 자유를 주어 무상출입을 묵인해주는 수가 잇다
재판장=그러한 주의 서적을 보고 어써한 생각을 가젓는가
국지=정확한 리론이라고 생각햇다
재판장=어찌하야 그러케 생각햇는가
하야 피고의 대답을 뭇다가 그의 답변이 다소간 과격하게 나오자 재판장은 방청금지를 선언하얏다[17]

기쿠지가 당시 사범교육에 결함이 있다고 말하며 '주의 서적'에 대해 정확한 이론이라고 생각하는 근거를 답변하는 중 치안 방해를 이유로 방청 금지 선언이 이루어져 특별방청과 피고 가족 외에는 모두

---

17) 「答辯에 들자 一般傍聽禁止」 『동아일보』 (1931.11.3.), p.2

퇴출당한다. 아쉽게도 기쿠치의 이후 답변은 신문기사에서 확인할 수 없다.

경남 사천시 곤명초등학교 역사관 〈역대 교장〉 명단에 조코의 사진이 걸려 있다(첫째 줄 왼쪽에서 두 번째). 일제강점기 교장 중에서는 유일하게 조코 사진만 게시되었다.(2025.3.28. 촬영)

4. 인간다운 삶

조코는 조선에 거주하였던 다른 일본인에게 '바보 천치(大馬鹿野郎)' 라고 불렸고 서대문형무소 시절 조선인 간도 빨치산에게는 "니 같은 착한 일본인이 있어서 조선인이 못 쓰게 된다"라는 말을 듣는다.18)

---

18) 李俊植「在朝日本人教師上甲米太郎の反帝国主義教育労働運動」앞의 책, p.53

수감 경험 이후 조코는 다시는 교단에 서지 못 했다. 부산 동래 하천공사판 생활(1932-1935), 제일생명(第一生命) 보험 외판원(1936-1941), 경성일보 진주통신부(지국) 기자(1938-1941)를 전전한다. 이후 조코를 담당한 특별고등경찰의 알선으로 홋카이도(北海道) 구시로(釧路) 태평양탄광(太平洋炭鑛)으로 가서 조선인 인부 담당 업무를 한다. 태평양탄광 폐광(廢鑛)으로 조선인 징용자들과 함께 규슈(九州) 오무타(大牟田) 미쓰이미이케탄광(三井三池炭鑛)으로 이동하여 근무한다.

1949년 조코는 직장에서 활동가로 간주되어 해고당하고 비슷한 처지의 동료와 함께 생계를 위해 종이연극 모임을 조직한다. 동요를 인쇄한 전단지를 배부하며 아이들과 함께 불렀기 때문에 '노래하는 종이연극 가게'라고 불렸다.

1950년 7월 장남 이리이치(伊利一)가 19살 때 아버지 대신 한국전쟁 반대 삐라를 배포하다 잡혀 구마모토(熊本) 교마치(京町) 구치소에 연행된다. 이리이치는 조코가 체포되기 얼마 전인 1930년 11월 13일 출생했는데 그의 이름은 레닌(블라디미르 일리치 레닌)의 이름을 따서 이리이치(伊利一, いりいち)라고 작명된 것이다.

1971년 12월 조코는 '김희로 사건'의 재판 증언으로 나서 일제강점기 일본 제국주의와 일본 사회의 한국인 멸시관, 조선인이 직면한 가혹한 현실을 폭로한다. 그 배경에는 조코가 식민지 조선 경상남

재인용

도에서 일본인 교사로 근무하며 알게 된 조선인이 처한 현실과 생활, 수감 체험, 석방 후 일용직 노동자, 경성일보 진주통신부 기자로서 목도한 현실, 탄광에서 조선인 강제 징용자들과 함께 했던 경험 등이 바탕을 이루고 있었다.

식민지 조선 농촌에서 조선인과 같은 집, 같은 음식을 먹으며 조선인들이 처한 엄혹한 현실을 볼 줄 아는 눈을 가졌던 조코를 비롯하여, 교원 독서회에 찬동하여 치안유지법 위반으로 수감된 이들의 이야기를 신문 기사를 통해 살펴보았다. 『지리산』의 하라다 교장과 곤명공립보통학교의 조코 교장 모두 결국에는 기존의 직업을 잃을 뿐만 아니라 한반도에서 더 이상 살지 못하게 되었다. 1926년 11월 27일 일기에 조코는 "지금 세상은 괴짜든가 바보든가 위대한 사람이 아니면 인간답게 살 수 없습니다"[19]라고 썼다. 그의 삶의 행적에서 인간다운 삶이란 어떤 삶인지, 그로 인해 본인과 가족이 치러야 했던 엄중한 대가(代價)를 볼 때 식민지 체제란 어떤 것이었는지 생각해 보게 된다.

---

19) 「資料 : 上甲米太郎日記(部分)」 앞의 책, p.140

대구 지역

◆ 송혜경

◆ 소리마치 마스미

식민지 시기 경주중학교와
초대 교장 모리사키 구라지(森崎庫次)

송 혜 경

1. 들어가며

　본고는 일제의 전쟁 수행이 격화되는 시기, '재단이 있는 공립학교'라는 형태로 설립된 경주공립중학교(현 경주중고등학교, 이하 경주중)를 통하여 설립과정과 식민지 교육, 그리고 초대 일본인 교장의 교육과 역할을 고찰하는 것이다. 1930년대 말 전쟁이 격화되면서 내선일체가 강하게 주창되는 가운데 설립되어 그 실천적 수행을 감당했던 경주중과, 재조일본인 중에서도 가장 조선인과 많은 접촉을 가졌던 교사 특히 초대 교장인 모리사키 구라지의 사상과

행적을 통하여 경주라는 지역을 배경으로 수행된 학교를 통한 황
국신민 만들기와 일본인 교장의 역할을 확인할 수 있을 것이다.

2. 수봉 이규인과 경주중학교의 설립

경주중은 1938년 4월 20일 개교했다. 수봉학원을 재단으로 하는
이 사립학교는 1919년 수봉 이규인이 설립한 법인체인 수봉정을 모
태로 하고 있다. 수봉은 1859년 경주시 외동읍 괘릉리에서 7남매
중 막내 외동아들로 태어났다. 그는 나이 19세인 1877년 부친을 여
의고 유산으로 받은 일백여 석을 '내 힘이 미치는 데까지 부를 이루
고, 이로써 이웃과 겨레에 큰 힘이 되겠다'라고 하여 오백 석, 천 석,
만 석으로 늘려나가, '이수봉정'으로 등기할 당시에는 총 4천 석의
거부가 됐다. 그는 '의식주에 족한 것 이외의 것은 내 것이 아니다'
라고 하여 모든 재물을 빈민구제와 학교설립, 그리고 조국 독립운동
군자금 등에 활용[1]했다.

수봉이「고보 설치 기금으로 30만 원 거금 희사」를 했다는, "조선
의 봄을 맞이하는 快 뉴스 경주 이규인 옹 장거(壯擧)"(『조선중앙일
보』1936.04.03.)가 기사로서 보도된 것은 1936년 4월의 일이다.
"인근 지방 인사의 칭송이 자자할 뿐 아니라, 남조선 지방에서는 미

---

1) 조봉식「수봉 이수인의 생애와 사상」『경주문화』14. (2008): 40-42.

증유의 대장거의 쾌뉴스"라고 보도됐다. 당시 조선의 각 도읍을 소개한『소화 12년 판 조선도읍대관(昭和十二年版 朝鮮都邑大觀)』에는 경주읍에 대한 시설계획이 제시되어 있는데, 여기에는 "시가지 도로 개수공사, 고적 유람도로의 확충과 미화시설" 등 경주의 특수성을 고려한 계획이 담겨있다. 한편 교육 방면의 계획으로 "중등 정도 학교의 설립"을 들고 있다. 경주읍의 중등교육기관 설치는 "읍관민이 적극 노력 중인 상태"2)였고, 중등교육기관이 전무한 상황에서 중등학교 설립에 대한 열망과 환영은 납득할 만한 것이었다.

수봉은 학교가 개교되는 것을 보지 못하고 1936년 6월 20일 타계했다. 그럼에도 학교설립 후원회는 수봉학원이 독자적으로 운영하는 고등보통학교의 설립을 기대하고 1936년 6월까지 부지문제의 해결, 후원회의 설립, 도(道)당국에 사립고등보통학교 설립인가 신청서 제출 등 설립 준비를 마치고 인가만을 기다렸다. 그러나 일 년이나 지나서 받은 것은 "인가 불허"였다. 구국교육을 목표로 한, "사립고보 설립 계획은 단념하지 않을 수 없"(「慶州私立高普校認可不許를言明」 『동아일보』1937.07.04.)게 된 것이다.

경주고보 설립후원회는 1937년 8월 이듬해 개교를 조건부로 어쩔 수 없이 공립으로 개교를 결정하고, 이에 1938년 3월 '경주공립고등보통학교'라는 교명으로 설립 인가가 내려졌다. 그러나 교명을 닷새도 써보지 못하고 1938년 4월 1일 시행된 제3차 교육령에

2) 阿部薰『昭和十二年版 朝鮮都邑大觀』民衆時論社, (1937): p.83.

의해 '경주중학교'로 개교하게 된다. 이때 교육령 개정의 요점은 조선인이 일본국민이라는 자각을 철저하게 갖도록 하는 것에 있었다. 1938년 전쟁수행을 위한 조선인의 지원병제도의 시행과 맞물려서 진행된 제3차 교육령은 조선인의 황국신민 만들기의 교육적 정책이었고, 경주중의 개교는 그 상징적인 실천이 되었다.

3. 경주중학교의 '황국신민' 만들기

경주중 입학식은 1938년 4월 20일 경주심상소학교에서 거행됐다. 1938년 10월 경주중 상동식에 이어 이듬해 4월에는 낙성식이 거행됐다.『부산일보』에는 경주중 낙성식 기사가 구체적으로 기재되어 있다. 교사인 요시나카의 개회사를 시작으로, "일동 궁성요배(宮城遙拜)와 이세신궁요배(伊勢神宮遙拜)를 한 후 국가 기미가요를 합창하고" 후원회장의 공사(工事)경과 보고가 있었다. 이어서 모리사키 교장의 식사(式辭)와 내빈의 축사가 이어지고「바다에 가면(海行かば)」를 합창"(『부산일보』1939.04.23.)하고 폐회했다. 여기에서 불렀던「바다에 가면」은 "바다에 가면 물에 잠긴 시체 되고/ 산에 가면 풀이 자란 시체 되고/ 천황 곁에서 죽는다면/ 결코 후회 없으리"라는 가사로 되어있다. 이 곡은 태평양전쟁 말기에 대본영 발표나 옥쇄 보도 등과 함께 방송됐다. 원가사는 오토모 야카모치(大伴家持)의『만엽집』에서 인용해 왔지만, 곡이 장엄한 데다가 천황을 위해 죽기를 두려워 말라는 가사가 전시기 전의고양 목적에 어울렸기 때문일 것이다. 천황이 있는 황거 방향으로 절하고(궁성요배), 황실의 신을 모셨다는 이세신궁 쪽에 절하고, 천황을 위해 바닷물에 잠긴 시체가 되어도 좋다고 노래하는 이러한 행사과정은 이 학교가 천황의 것이라고 선언하는 것과도 같았다. 천황의 권위를 절대적인 것으로 인정하는 국체명징의 실현인 것이다. 이러한「바다에 가면」은 이후 종례 시간마다 불렀다. 한편 조회 때는 교가였다.

교가는 국문학자로 와세다대학 문학부 교수인 이가라시 지카라(五十嵐力, 1874~1947)가 작사하고 구마모토(熊本)대학의 음악과 교수인 고야 하루토(合谷春人)가 작곡했다. 곡은 모리사키 교장이 직접 부탁해서 만들었다고 하는데, 그 1절을 옮겨보면 다음과 같다.

> 야마토의 나라와 닮았다 하는
> 우리 경주는 반도의
> 일찍이 열린 아름다운 고장
> 그 빛나는 왕성(王城)에
> 가깝게 세워진 경주중학교는
> 당신들 우리들의 배움터로다
>
> (やまとのならににたりてふ　わがけいしゅうははとの
> はやくひらけしうましくに　そのかがやけるおおじょうに
> ちかくたちたるけいちゅうは　きみらわれらのまなびやよ)[3]

3) 秀峯學園八十年史編纂委員會『秀峯學園八十年史』경주중·고총동창회,(2018):p.41.

〈그림 1〉 1939년 낙성식을 가진 경주중학교 본관

(『수봉학원 70년사』2009)

경주중의 교가는 '야마토(大和)'로 시작한다. "야마토의 고대 수
도 나라(大和の奈良)"라는 수식에 의해 경주가 설명된다. 일본의 나
라가 중심이 되고 거기에 경주가 비견되는 것이다. 가사에서 주목
되는 것은, 마지막에 경주중을 "당신들 우리들의 배움터"라고 표현
하고 있는 것이다. 복수형인 '당신들'과 '우리들'이 구분 없이 와서
함께 배우는, 동화된 학교에 대한 지향이 엿보인다. 교가가 내선일
체의 구체적 수단이 되는 것이다.

1940년에는 교육칙어 등본이 경주중에 '봉재'됐다. 교육칙어는
1890년 메이지 "천황폐하가 신민의 교육을 깊이 걱정하시어" 내려
준 것으로 1946년 문부성의 지시로 신격화가 폐지될 때까지 계속됐

다4). 천황의 신격화를 교육의 절대적 근본으로 한 교육칙어 등본이 경주중에 내려진 것을, 당시 언론에서는 "교육칙어 등본 하사"의 "광영(光榮)을 입은" 것으로 표현하고 있다. 이때 "모리사키 학교장과 요시나카 교유가 경상북도청에 출두, 배수(拜受) 봉재(奉載)하고" "교문에 마중 나온 전교생도의 봉영 속에" 받든 후 "강당에서 엄숙한 칙어 봉독식이 거행"(『부산일보』1940.04.25.)됐다. 이와 함께 천황의 '어진영'을 '모시는' 봉안전을 만들기 위한 "엄숙한 지진제(地鎭祭)"(『부산일보』1940.12.07.)도 열렸다. 봉안전의 진영공사를 위한 지진제식에는 모리사키 교장을 시작으로 생도 일동과 경주의 기관장과 학교장이 참가하고, 경주신사(慶州神社)의 관장 아래 엄숙하게 집행됐다. 경주중의 봉안전은 지금의 수봉 동상 자리에 있었다고 한다. 필자가 방문했을 때의 기억으로는 수봉 동상은 교문에서 교사로 이어지는 길 끝의 오른쪽 공간에 자리하고 있었다. 교실로 가기 위해서는 반드시 지나쳐야 하는 곳으로, 학생들은 이곳을 지날 때마다 '호초도래(步調取れ)'라는 의식의 걸음을 걸어야 했고, 정면에 와서는 90도로 허리를 굽혀 최대의 경의를 표하고 절을 했다. 천황 신격화의 근간을 이루는 교육칙어와 어진영을 둔 봉안당이 하나의 조합이 되어 황국신민 만들기를 담당했던 것이다.

---

4) 문철수 「교육칙어'와 수신교육」 『한국일본학회』 74권 2호.(2008.02):p.371.

〈그림 2〉. 미나미 총독의 경주중방문과 기념식수

(『수봉학원 70년사』2009)

경주중에는 미나미(南) 총독도 방문했다. 포항, 경주를 거쳐 울산
으로 가는 경북시찰(『매일신보』1939.06.15.)에서였다. 경주시찰이
의미 있는 것은 "단순히 고대문화의 시찰이 아니라, 내선일체의 엄
연한 역사적 사실에 비추어, 신라 고대문화를 기초로 내선일체의
결실을 거둘 것"을 기대했기 때문이었다. 따라서 총독은 경주 관민
과 경북도 관민은 특별히 내선일체 정신에 투철해야 한다고 역설
하면서 먼저 박물관을 찾는다. 박물관에서 신라의 고대 유물인 유
골함에서 내선일체의 근거를 찾으려 했고, 이에 대해 신문은 "날카
로운 관찰"(「南總督の慶北視察」『경성일보』1939.06.18.)이라고 평가

했다. 이어서 방문한 곳은 경주중이었다. 총독은 '조선 제일의 학교로다'라고 칭찬을 아끼지 않았으며 기념식수를 하고 의용봉공의 휘호를 내렸다.

1940년『문교의 조선(文教の朝鮮)』에 게재된「내선일체 정신 신라무사도」에서 신라연구자임을 자임하는 필자는 신라인이 가지고 있던 정신이 일본의 야마토혼(大和魂)과 완전히 상통하는 바5)가 있다고 주장한다. 이처럼 동조동근론이 팽배한 분위기 속에서 천황과도 같은 총독의 고대문화의 중심인 경주시찰, 그 가운데 박물관과 경주중 방문은 내선일체의 당위성을 주장하는 근거로 활용됐다고 할 수 있다.

4. 초대 교장 모리사키 구라지의 황국신민 만들기

경주중에는 두 명의 일본인 교장이 있었다. 초대교장인 모리사키 구라지와 2대 교장인 아소 가즈지(阿蘇一二)다. 아소 교장에 대해서는 총독부 직원록에서만 그 행적이 확인되는데, 이에 반해 초대 교장 구라지는『수봉학원사』에서도, 장녀인 모리사키 가즈에의 저작물에서도 자주 언급된다. 그는 후쿠오카(福岡)현 미즈마(三瀦)군 출신으로 1925년 대구고등보통학교의 교유로 조선으로 건너와, 1938년 교유

---

5) 慶北·大邱·慶北公立高等女學校「內鮮一體精神 新羅武士道」『文教の朝鮮』朝鮮教育會 174号, (1940): 20-25.

겸 학교장으로 경주중에 부임했다. 그의 사상은 가즈에를 통해서 명확하게 정의된다. '자유방임주의자'라는 것이다.

딸은 부친과의 에피소드를 다음과 같이 전한다. "학교에서 가정의 교육방침에 대한 조사용지가 배포됐다. 3학년이 되어 새로 바뀐 여교사였다. 귀가한 아버지가 써넣고 나서 건네면서 '자유방임이라고 써놨어'라고 말했다." 이처럼 가정환경조사와 같은 조사에서 부친이 내세운 가정 안에서의 교육방침은 '자유방임주의'였다. 가즈에의 담임은 이러한 조사결과에 안색이 변하고, 엄한 표정이 되고, 이후에는 가정방문에서 배제하는 결과까지 만든다. 당시 군국주의의 획일화된 사상이 지배적인 사회에서 자유방임주의는 이와는 배치되는 사상으로 여겼기 때문일 것이다. 그런데 구라지의 자유방임 사상은 경주중의 학생들도 느꼈던 듯하다. 경주중 30주년 기념식 참석을 위해 만난 제자들 역시 "그의 본질은 자유방임주의자였지요."[6] "그는 리베럴리스트였지요."[7]라고 회고한다. 구라지가 원래 독일유학 후 오하라(大原) 사회문제연구소에 갈 예정이었고, 사회주의운동의 선구자로 알려진 아베 이소오(阿部磯雄)와 교류를 가졌던 것으로 보아 사회문제, 노동문제에 관심이 있고, 또 제자의 표현대로 '본질'은 '자유방임주의자'였는지도 모른다. 그러나 교장으로서의 면모는 황도주의자로서의 한 길이었다.

---

6) 森崎和江「故郷・韓国への確認の旅」『草の上の舞踏』藤原書店,(2007): p.33.
7) 森崎和江「訪韓スケッチによせて」『草の上の舞踏』藤原書店, (2007): p.44.

구라지가 맡은 수업은 수신과목이었다. "학생들을 정좌(무릎을 구부려서 양쪽으로 벌리고 앉고 허리는 곧게 펴고 손은 배꼽 밑에 양손을 펴서 양쪽으로 대고 앉는 자세)시키고 눈은 감게 하고서 복식호흡(배로 숨을 마셨다 내었다 하는 호흡)을 구령에 따라 여러 번 하도록 해서 정신이 안정되었다고 생각하면 수신강의"(『수봉학원70년사』 2009)를 했다. 황국신민 만들기를 위한 세뇌교육이었다. 또한 교장은 "일황에게 무척 충성스러운 사람으로서 일황에 대한 이야기를 할 때는 그저 황송해 하면서 눈물을 줄줄(『수봉학원50년사』1988) 흘렸다고 한다. '황송하옵게도 천황폐하께옵서는...'하고 훈시를 시작할려치면 두 눈에 구슬 같은 눈물이 맺히던 일본국수주의의 골수 중의 골수(『수봉학원50년사』1988) 라서, 전후가 되어 그의 제자들은 그를 "철저한 황국주의자", "황국신민교육의 제1인자", "일본군국주의의 소위 황민화 정책의 첨병"이었고 이를 충실히 수행했던 사람으로 기억한다. 눈물로 천황의 행적을 말하는, 천황 신격화를 지극히 내면화한 인물이었다.

그런데 교장에 대한 회고에서 눈에 띄는 것은 그가 철저한 황도주의자였다는 것에 이어지는 교육자로서의 면모이다. 제자들은 "그는 교육자로도 훌륭했고 내가 그리는 교장학(?)의 교재로 마음속에 새김질 할 때가 많다."고 회상하거나, "회고해보건대 비록 일인(日人)이라 하여도 순수 교육자적인 차원에서 그를 평가한다면 대수봉학원의 초대교장으로 손색이 없는 분이었다고 말하고 싶다."고 평가한다. 철저한 황도주의자였지만 학생들에게 진심이었던 교장이라는 양가감정인 것이다.

딸의 회고록에 의하면, 구라지는 경주의 "남산에 뼈를 묻고 싶다는 생각"을 했다고 한다. 경주 땅에 메이지 유신을 위해 활약한 젊은 이를 배출한 쇼카손주쿠(松下村塾)과 같은 교육기관을 만들고 자신은 교육자인 요시다 쇼인(吉田松陰)이 되고 싶어 했다. 따라서 구라지가 철저한 황국주의를 체현한 것과 존경할 만한 교장으로서의 인격과 열정은 별개가 아니다. 일본의 인재를 길러내겠다는 하나의 목표로 모아지는 것이다. 황도주의의 체현자로서 조선학생을 황민신민으로 만드는 것이 진심으로 학생을 위하는 길이라고 생각했기 때문이다.

일본으로 돌아간 구라지는 짬짬이 경주 시절의 학생들 이름을 적어 나갔다고 한다. 제자들의 본래 이름을 적고, 군데군데 빈칸이 생겨서 일본 이름이 그대로 남아 있는 경우도 있었다. 그가 눈물을 참으면서 한 말은 지금 "그 학생들은 혼자서 생각할 때도 일본어를 쓰고 있을까"였다고, 딸은 부친의 여생을 전하고 있다. 일본말을 강요하고 일본 이름으로 바꾸게 했던 황국신민 만들기의 최전선에 섰던 교장의 회한으로 들린다. 이로 보아 최소한 경주중 시절에서 만큼은 확실한 황도주의 한 길을 걷고, 그것이 학생들에 대한 자신의 소명이라고 생각한 것만큼은 분명하다고 하겠다.

5. 나오며

1938년 지원병제도의 공포와 맞물려서 진행된 제3차 교육령이 시행된 시기 경주중은 설립됐다. 게다가 경주라는 지역적 특성에 맞추어 고대문화를 통한 내선일체와 황국신민 만들기가 격렬하게 진행됐다. 그러나 그러한 가운데서도 경주중은 이에 순응만 했던 것이 아니다. 여기에는 언급하지 않았지만, 그 균열을 만들어 내기 위한 노력과 용기가『수봉학원사』곳곳에 드러난다. 그리고 전후가 되어 경주중은 사립으로 환원되는 '효시'(『동아일보』1948.10.24.)가 되었다.

제80연대가 있던 도시, 대구와
대구공립고등여학교

소리마치 마스미

1. 대구로 모여든 일본인들과 교육의 필요성

　1876년 일조수호조규(日朝修好条規) 체결 이후, 일본인 거류지는 최초로 부산에 형성되었으며, 러일전쟁 종전을 계기로 한반도 내 일본인의 수가 점차 증가하였다. 1904년, 1905년, 1907년의 세 차례 한일협약(日韓協約)을 통해 일본은 한국에 대한 지배를 단계적으로 강화해 나갔다. 제1차 협약에서는 재정 및 외교 분야에 일본인 고문(顧問)을 두고, 조약 체결 등 주요 외교 문제를 일본 정부와 협의하도록 하였다. 제2차 협약에서는 한국의 외교권을 박탈

하고, 이토 히로부미(伊藤博文)를 초대 통감으로 임명하여 통감부를 설치하였다. 이어 1907년 제3차 협약에서는 법령 제정 및 행정 전반에 대한 통감의 승인 또는 동의를 필수화하여 통감부의 권한을 더욱 강화하였으며, 한국 군대의 강제 해산도 단행되었다.

한편, 일본 정부는 한반도 지배를 공고히 하기 위해 '내지(內地)'[1] 일본인들의 이민(移民)을 장려하였으며, 민간에서도 이민 논의가 활발하게 이루어졌다.[2] 이에 따라 각 지역에서 거류민단과 일본인회가 설립되었으며, 대구에서도 대구거류민단이 시가지 중심으로 11곳에 설립되었다.[3] 거류민단은 일본인의 자치 단체로, 농업·공업·상업·금융·통신 등의 사업뿐만 아니라 일본인의 생활과 관련된 모든 활동을 수행하는 조직이었다. 거류민단의 주요 활동 중 하나는 교육이었다. 일본인 거주자가 증가함에 따라, 이민자 및 이민자의 자녀들에게 교육의 필요성이 대두되었다. 1943년에 대구부(大邱府)에서 간행된『대구부사(大邱府史)』에 따르면, 학교의 부지와 교사 등의 건물 등, 민단비의 대부분을 차지하는 것이 교육비라는 기록을 확인할 수 있다. 한반도에 기존에 있던 향교를 정리하고, 일본식 초등교육 기관을 설립하려는 시도가 이루어지고 있었던 것이다.[4]。1910년 일본이 완전히

---

1) 식민지 시대에 '내지(內地)'는 일본 본토를 가리킨다. 한편, 조선이나 대만, 만주 등 일본이 지배했던 지역은 '외지(外地)'라고 불렸다. 다른 의미의 내지와 혼동을 피하기 위해, 본 논문에서는 인용문의 원문을 제외하고 ' '로 표기하기로 한다.

2) 高崎宗司『植民地朝鮮の日本人』(岩波書店, 2002), p.96.

3) 大邱府編『大邱府史』(行政学会印刷所, 1943), 2-p.17.

조선을 지배하기 시작하고 조선총독부가 설치되면서, 구 대구군 (大邱郡)은 대구부가 되었다. 그리고 거류민단이 최초로 설립한 민단립 소학교 및 유치원은 1914년 4월 부제 시행과 함께 대구학교 조합에 이관되었다.5)

〈그림 1〉 대구부 전도 일부 (『대구부사』)
(○여학교 위치 필자 표시)

학생 수는 해마다 증가하고 있었으나, 대구 교육에서는 큰 문제가 있었다. 그것은 심상소학교를 졸업한 아이들이 진학할 학교가 대구에는 없다는 점이었다. 초등학교 졸업자는 경성 또는 부산의 중학교에 입학할 수밖에 없었다.6) 다만, 남자의 경우 이러한 진학 선택지가 있었으나, 여자가 경성이나 부산, 기타 지역으로 진학하는 것은 어려운 일이었다. 이에 일본인 여자들을 위한 고등교육 기관으로서 여학교 설립이 추진되었다. 또한 1915년 다이쇼 천황의 즉위례(大正天皇即位禮)를 계기로, 일본 각지에서는 '어대례 기념사

---

4) 大邱府編『大邱府史』앞의 책, pp.343-344.

5) 위의 책, 2-p.17.

6) 위의 책, 2-p.121.

업'(御大禮記念事業)의 일환으로 학교, 공원, 도로 등 공공시설의 건설과 정비가 이루어졌다. 대구공립고등여학교(大邱公立高等女學校, 이하 '대구고녀') 역시 이 '어대례 기념사업'의 일환으로 계획된 것으로 확인된다.7) 남자들이 다니는 대구공립중학교(1921년 창립)에 앞서 대구고녀의 설립이 계획된 것은, 기념사업이라는 추진력뿐만 아니라, 지역을 넘어 타지로 진학하기 어려운 여자들을 위한 고등교육 기관의 필요성이 절실했기 때문이었다.8) 〈그림 2〉는 대구고녀의 인가를 알리는 총독부 관보이다.9) 이 고시를 통해, 대구부 동운정(東雲町)(〈그림 1〉 참조)에 여학교가 설립되었음을 확인할 수 있다. 대구고녀가 있었던 장소는 현재 국채보상운동기념공원이 된 곳이다.10) 이처럼 대구에서 일본인 여성을 위한

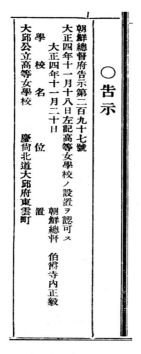

〈그림 2 〉 여학교
인가고시

7) 大邱府編『大邱府史』앞의 책, 2-p.132.

8) 위의 책, 2-p.132.

9) 조선총독부관보 제989호, 조선총독부고시 제297호, 1915년(다이쇼 4년) 11월 20일.

10) 대구공립고등여학교는 1946년 2월 대구여자중학교로 개편되었으며, 이후 2002년 3월부터는 남녀공학 중학교인 현재의 대구일중학교가 되었다.

고등교육은 대구고녀의 설립을 통해 시작되었다.

2. 제80연대가 있는 도시, 대구

러일전쟁 이전에는 헌병이 일본인 거류민의 안전을 보호하였다. 그러나 1904년 대구에 소규모 부대가 처음 주둔하였고, 1907년에는 제12여단이 파견되었다. 같은 해, 제3차 한일협약에 따른 대한제국 군대 해산 명령에 반발한 군부의 저항이 일어나자, 대구에는 항일 의병을 토벌하기 위한 사령부가 설치되어 남부 지역의 거점이 되었다. 이후 임시 조선파견대 사령부와 연대 본부 등이 차례로 대구에 설치되었고, 1910년 6월에는 대구헌병대 본부도 설립되었다. 또한 조선에 두 개 사단의 증설이 결정되자, 대구의 유력 인사들은 병영 설치를 요청하는 탄원서를 조선총독부에 제출하였다.[11] 다음은 해당 탄원서의 일부 내용이다.

(전략)우리 대구 지역은 남선의 중심부에 위치한 요충지로, 현재 임시 조선 파견대 사령부와 연대 본부가 설치되어 있다. 교통이 편리하고 물자의 공급이 매우 자유로울 뿐만 아니라, 기후도 비교적 온화하여 위생적인 지역으로서의 특성도 담보하고 있다. 또한, 1914년(다이쇼3년)부터 계획된 대구 수도는 1917년(다이쇼6년)에 완공될 예정이며, 그 급수량은 충분히 5만 명에게 공급할 수 있을 것으로 보인다.(후략)[12]

---

11) 大邱府編『大邱府史』앞의 책, 2-pp.119-120.

12) 大邱府編『大邱府史』앞의 책, 2-p.120.

이와 같이 대구는 한반도 중심의 요충지로서 조선파견대 사령부와 연대 본부가 설치되어 있었다. 또한 교통이 편리하고 물자 공급도 원활하였다. 더 나아가 온화한 기후, 위생적인 환경, 그리고 1917년 완공이 예정된 대구 수도 사업 등을 근거로 병영 설치의 이점을 총독부에 적극적으로 어필하고 있었음을 알 수 있다.

그 결과, 1915년 12월 보병 제80연대의 대구 설치가 공식 발표되었고, 이듬해 연대기 수여식이 거행되었다. 이는 일본인 유입 증가를 의미하며, 군인과 가족뿐만 아니라 관련 상점과 기업도 집중되었다. 인구 증가에 따른 인프라 정비는 대구 수도 사업 사례에서도 확인할 수 있다.

1927년 대구에서 태어난 시인이자 작가인 모리사키 가즈에(森崎和江) [13]는 10세 무렵까지 살았던 대구의 초등학교에서 함께 공부했던 동급생들에 대해, "학생들의 대부분은 육군 장교 관사

〈그림 3〉 제80연대(『대구독본』)

의 자제, 의학전문학교·사범학교 및 기타 공무원 가정의 아이들, 그리고 가타쿠라 제사(片倉製糸) 회사의 경영자 및 농장 경영자의 자녀들이었다"라고 기록하고 있다. 또한 그녀는 기억 속에 남아 있

---

13) 모리사키 가즈에(森崎和江, 1927-2022): 식민지 조선 대구에서 태어나 경주, 김천을 거쳐 1944년 일본으로 귀국하였다. 그는 시인 및 작가로서 많은 작품을 남겼다.

는 1930년대 경의 일을 회상하며 다음과 같이 서술하고 있다.

> 도시는 정비되어 있었고, 주택가도 한가로운 분위기였으며, (…중략)
> 사과원에는 하얀 꽃이 피었다. 공원은 잔디로 덮여 있고, 운동장과
> 수영장에서 놀았다. 골프장도 있으며, 수도, 전기, 전화 등으로 근대
> 화된 생활을 식민자의 대부분이 영위하고 있었다.[14]

1910년 이전부터 한반도 내 주요 도시였던 대구는, 보병 제80
연대의 주둔 이후 인구가 더욱 증가하고 다양한 산업이 발전하면
서 인프라도 정비되어 갔음을 알 수 있다. 그러나 모리사키의 말처
럼, 근대화된 생활을 향유했던 것은 그곳에 거주하던 일본인들뿐이
었다는 점은 두말할 필요도 없다. 80연대의 기상 나팔 소리는 주
택가까지 울려 퍼졌으며, 군대 설치의 혜택을 받으며 군대와 더불
어 존재했던 도시가 바로 식민지 시기의 대구였다.

3. 대구공립고등여학교의 탄생

앞서 언급한 바와 같이, 대구고녀는 대구에 거주하는 일본인 여
성들의 고등교육 기관 부족을 해소하기 위해 계획되었으며, 1916
년에 개교하였다.[15] 같은 해 2월 17일 자 조선총독부 관보에는 4

---

14) 森崎和江『慶州は母の呼び声-わが原郷』(新潮社, 1984), p.28.

〈그림 4〉 대구공립고등여학교과
교장 다카하시 도라히코(高橋虎彦)(『경북대관』)

월 입학생 모집에 관한 공고가 게재되어 있다. 이 공고를 통해 1학년과 2학년 각각 약 50명씩의 신입생을 모집한다는 내용과 구체적인 모집 요강을 확인할 수 있다.16) 1학년의 경우, 지원 자격은 만 12세 이상으로, 소학교를 졸업하였거나 1916년 3월 졸업 예정인 자로 규정되어 있었다. 만약 지원자가 모집 정원을 초과할 경우, 국어와 산술 과목에서 소학교 졸업 수준의 실력을 평가하는 선발시험이 실시되었다. 또한 2학년의 경우, 해당 연령(만 12세 이상)을 충족해야 하며, 여학교 1학년 수료 수준의 학력을 확인하기 위해 수신, 국어, 산술, 지리, 역사, 이과, 재봉 과목에 대한 시험을 통해 합격자를 선발한다고 명시되어 있다. 한편, 타 지역의 고등여학교 1학년을 수료한 경우에는 별도의 시험 없이 입학이 가능하였다.

지원자는 지원서와 이력서를 제출해야 했으며, 시험은 3월 25일과

---

15) 대구공립고등여학교는 1946년 2월 대구여자중학교가 되었으며, 이후 2002년 3월부터 공학인 대구일중학교가 되었다.

16) (조선총독부 관보 조선총독부 고시 제297호) 또한, 같은 관보에는 평양공립고등여학교(平壤公立高等女学校)의 모집 공고도 함께 실려 있다.

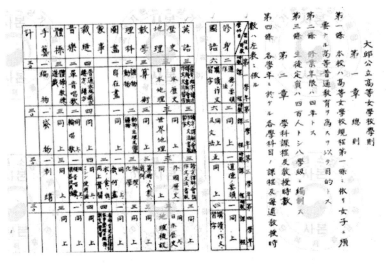

〈그림 5〉 대구공립고등여학교 학칙 일부와 과목과정표

26일 양일에 걸쳐 대구공립보통고등소학교(大邱公立尋常高等小学校)
에서 시행되었고, 시험 결과는 3월 말일까지 본인에게 통지되는 것으
로 되어 있었다.

　대구고녀는 당초 4년제로 개교하였으나, 1925년에 한 차례 5년제
로 변경되었고, 이후 다시 4년제로 환원되었다. 『경북대관(慶北大觀)』
(1936)에는 "금년도 신입생부터 4년제를 실시할 예정"이라는 기록이
보이며, 1937년 모집 요강에도 "4년제"라고 명시되어 있어, 1936년
또는 1937년부터 다시 4년제로 전환된 것으로 보인다.17)〈그림5〉는

---

17)遠捨藏, 『慶北大觀(경북대관)』,(동양문화협회인쇄부,1936), pp.315-316.

1922년에 제출된 문서 일부이다.[18] "여성에게 필수적인 고등교육을 실시하는 것을 목적으로 한다"는 내용이 기재되어 있다. 또한, 과목 과정표를 살펴보면, 가장 많은 국어 수업(주 6시간) 다음으로 재봉(裁縫) 수업이 주 4시간 편성되어 있다는 점이 눈에 띈다. "일반 의복 · 재단법 · 바느질법 · 수선법"을 포함한 재봉 교육은 3, 4학년의 재봉틀 사용법까지 이어지며 실제 의복 제작이 가능하도록 구성되었다. 이외에도 별도로 수예 시간이 있었으며, 3, 4학년이 되면 '간병 · 가사 · 육아 · 가계부' 등 실생활 중심의 '가사' 과목이 추가되었다. 특히 4학년은 국어와 같은 주 4시간이 배정되어, 가정의 아내 예비군 양성을 목표로 한 교육과정이었음을 알 수 있다.

또한, 학생 수도 빠르게 증가하였다. 개교 초기 정원은 50명(2학년은 소수)에 불과했으나, 1919년에는 60명, 1920년에는 100명으로 늘었고, 해당 문서에는 정원이 400명으로 기재되어 있어, 불과 6~7년 사이 급속한 확대를 보여준다. 이는 대구 내 일본인 증가와 함께 가족 단위 정착 및 자녀 양육이 본격화된 결과로 해석할 수 있다.

다음으로, 대구고녀의 교가를 확인해 보고자 한다.[19] 교가라는

---

18) "여학교 학칙 제정의 건"이라고 적힌 문서이다. 문서에서 다이쇼 11년(1922년) 5월 25일 자의 날짜를 확인할 수 있다. (한국기록원 「대구공립고등여학교 학칙 제정의 건」)

19) 『大邱高女創立50周年記念同窓会東京大会記念冊子(대구고등여학교 창립 50주년 기념 동창회 도쿄 대회 기념 책자)』(1968년 7월 28일)에 따르면, 이 학교는

것은 그 학교의 신조가 담기는 경우가 많다. 대구고녀 교가는 일본 동요 「저녁노을(夕日)」을 비롯하여 많은 동요와 교가를 작사한 구즈하라 시게루(葛原しげる)가 작사를 담당했다.[20] 작곡도 일본에서 많은 학교 교가를 작곡한 고마쓰 고스케(小松耕輔)가 맡았다.[21]

먼저, 비슬산(琵瑟山:가사에서는 琵琶山로 표기됨)과 금호강(琴湖江) 등 대구를 대표하는 자연경관이 가사에 포함되어 있다는 점이 눈길을 끈다. 1절 가사에서는 학문에 정진하며 희망을 품고 미래를

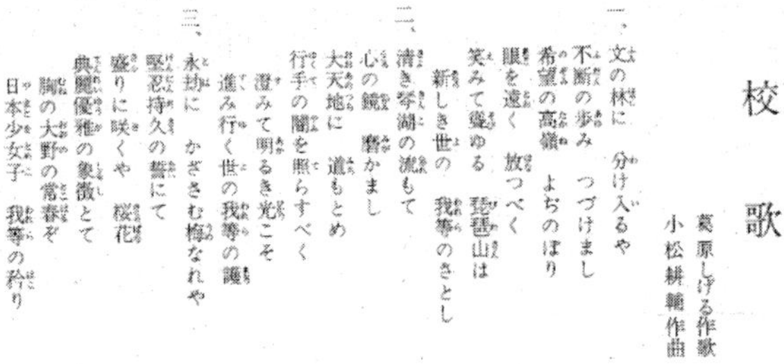

校歌

葛原しげる作歌
小松耕輔作曲

一、
文の林に
分け入るや
不断の歩み
つづけまし
希望の高嶺
よぢのぼり
眼を遠く
放つべく
笑みて栄ゆる
新しき世の
琵琶山は
我等のきとし

二、
清き琴湖の
流れもて
心の鐵を
磨かまし
大天地に
道もとめ
行く手の闇を
照らすべく
澄みて明るき
光こそ
進み行く世の
我等の護り

三、
永劫に
かざきむ梅なれや
堅忍持久の
誓にて
盛りに咲くや
桜花
典麗優雅の
象徴とて
胸の大野の
常春ぞ
我等の誇り

日本少女子

〈그림 6〉 대구공립고등여학교 교가

1916년에 창립되었으므로 정확한 50주년은 1966년이지만, 2년 후인 1968년에 도쿄에서 열린 동창회에서 제작된 책자로 보인다.
본론에 실린 교가와 교장은 이 책자에 수록된 것이다.

20) 구즈하라 시게루(1886-1961)가 작사를 담당했다. 그는 히로시마현 출신으로, 생애 동안 2,500편 이상의 동요를 작사했으며, 교가・회사 노래・온도(전통 민요) 등을 포함하면 550편 이상을 남겼다. (葛原문화보존회 홈페이지: https://kuzuhara-bunka.jimdofree.com.(2025.01.15 검색)

21) 고마쓰 고스케(1884-1966)아키타현 출신으로 작곡가이자 음악 교육자, 비평가로 활동했으며, 1906년 일본 최초의 오페라 '하고로모(羽衣)'를 작곡한 인물이다. 小松耕輔WEB음악당: https://komatsukosuke.yh-c.jp, (2025.01.12 검색)

개척해 나가자는 의지가 표현되어 있다. 특히 "비슬산에 오른다"는 표현은 자기 성장과 노력, 그리고 눈앞에 놓인 어려움가사의 핵심은 역시 대구를 흐르는 금호을 극복하는 비유로 해석할 수 있다. 2절 강이다. 금호강의 흐름이 깨끗한 마음의 상징으로 묘사되어 있으며, "밝은 빛"은 학문과 도덕을 의미한다. 이를 통해 자기 단련을 하면서 앞으로 나아가자는 다짐을 강조하고 있다. 3절 가사에서는 여학교의 교표(校章) 디자인에도 사용된 매화(梅花)에 주목할 필요가 있다. 매화는 혹독한 겨울을 이겨내고 봄이 오면 가장 먼저 꽃을 피우는 나무로, 인내(忍耐)의 상징이다. 반면, 벚꽃(桜)은 아름다움과 긍지의 상징으로 사용되며, 매화와 벚꽃을 통해 일본 소녀로서의 정체성을 강조하고 있다.

이처럼 일본적인 가치관을 전면에 내세우면서도, 대구의 대표적인 자연을 가사에 녹여낸 것이 특징적이다. 대구고녀는 한반도에서 비교적 이른 시기인 1916년에 개교했다. 그 영향인지, 교가에서는 교육, 도덕, 자연 등이 시적인 표현으로 그려지고 있다. 이것이 만약 1940년대에 쓰였다면 '목숨을 바치다'나 '결의'와 같은 단어가 등장하여, 보다 직접적인 표현이 사용되었을 가능성이 크다. 그런 의미에서 교가는 시대적 변화를 읽어낼 수 있는 중요한 자료라고 할 수 있다.

4. 맺음말

　본론에서는 보병 제80연대가 주둔했던 도시 대구와, 여자 고등 교육 기관으로서는 비교적 이른 시기에 설립된 대구공립고등여학교에 대해 고찰하였다. 대구는 제국 일본에 있어 중요한 도시로, 물자 수송과 관련된 교통의 편리성 등 여러 조건을 충족하여 병참 기지로 적합하였다. 제80연대가 배치되면서 인구가 증가하고 산업이 집중되었으며, 전기, 수도, 전화 등 생활 인프라도 정비되었다. 이러한 식민지의 혜택 속에서 성장한 일본인 소녀들의 고등교육을 위해 설립된 것이 대구공립고등여학교였다.

　개교 이후 학생 수의 증가는 대구에 정착한 일본인 세대의 증가가 반영된 결과이다. 교육과정을 보면, 대구공립고등여학교는 가정의 아내이자 어머니가 될 여성을 양성하는 기관이었다. 교가에는 대구의 풍경이 반영되고, 일본 여성으로서의 정체성과 교훈이 담겨 있다. 이처럼 교육기관의 형성과 변천을 추적함으로써 당시 시대적 배경, 대구라는 도시의 특성, 그리고 그 지역에 존재했던 일본인 사회의 일면을 확인할 수 있었다. 지금까지는 남학교나 경성 여학교 중심의 논의가 많았으나, 이처럼 지방 학교를 분석함으로써 당시 한반도 전체의 교육 상황을 보다 폭넓게 조망할 수 있을 것이다.